I0023090

Johann Philipp Kirnberger

Die wahren Grundsätze zum Gebrauch der Harmonie

Johann Philipp Kirnberger

Die wahren Grundsätze zum Gebrauch der Harmonie

ISBN/EAN: 9783743603400

Hergestellt in Europa, USA, Kanada, Australien, Japan

Cover: Foto ©Thomas Meinert / pixelio.de

Weitere Bücher finden Sie auf **www.hansebooks.com**

Die wahren Grundsätze

zum

Gebrauch der Harmonie,

darinn deutlich gezeiget wird,

wie alle möglichen Accorde aus dem Dreyklang und dem wesentlichen
Septimenaccord, und deren dissonirenden Vorhälten,
herzuleiten und zu erklären sind,

als ein Zusatz

zu der Kunst des reinen Satzes in der Musik,

von

Johann Philipp Kirnberger,

Ihrer Königl. Hoheit der Prinzeßin Amalia von Preußen Hofmusikus.

Berlin und Königsberg,
bey G. J. Decker und G. L. Hartung, 1773.

Vorbericht.

Der erste Theil meiner Kunst des reinen Satzes hat einen Brief veranlasset, worinn ich ersuchet werde, eine gewisse bekannte Bachische Fuge auf eben die Art, als in gedachtem Werke p. 248. u. f. mit einer andern von meiner Arbeit, geschehen ist, auf ihre simpeln Grundaccorde zurückzuführen. Der Verfasser dieses Schreibens ist einer der ersten unserer gründlichen Tonsetzer (*), und sein Beyfall ist mir zu werth, als daß ich sein Ansuchen nicht als eine Aufforderung eines ganzen musikalischen Publikums hätte ansehen und demselben sogleich willfahren sollen. Indessen, so leicht mir diese Arbeit nach meinen Grundsätzen von der Harmonie auch gewesen seyn würde, und so angenehm es mir auch immer seyn mag, die tiefen harmonischen Kenntnisse des erhabenen Verfassers dieser Fuge bey allen Gelegenheiten zu offenbaren; so nothwendig schien es mir doch auch, dieselbe mit gewissen Erörterungen zu begleiten, aus denen die Gründe meines Verfahrens erkannt, und die Sache an sich selbst gegen alle Einwendungen in Sicherheit gestellet würde. Dies nöthigte mich nun freylich, wenn ich so reden darf, mein ganzes Glaubensbekenntniß von der Harmonie abzulegen,

A 2   und

(*) Herr Hoffmann, Organist an der Hauptkirche zu Mar. Magdal. in Breslau.

Vorbericht.

und besonders die Lehre von den Grundaccorden nach meiner Art systematisch aus einander zu setzen. Rameau hat diese Lehre mit so vielen Ungereimtheiten angefüllt, daß man sich billig wundern muß, wie dergleichen Extravaganzen unter uns Deutschen haben Glauben, ja Verfechter finden können, da wir doch beständig die größten Harmonisten unter uns gehabt, deren Art mit der Harmonie umzugehen, gewiß nicht nach Rameaus Lehrsätzen zu erklären war. Man gieng hierinn so weit, daß man lieber einem Bach die Gründlichkeit seines Verfahrens in Ansehung der Behandlung und Fortschreitung der Accorde absprechen, als zugestehen wollte, daß der Franzose habe fehlen können. Wer sich mit den Rameauischen Lehrsätzen bekannt gemacht hat, wird in der Folge dieses Werks bald bemerken, wie sehr die meinigen davon abgehen, und welche von beyden die Entstehung und Behandlung der Accorde am natürlichsten und einfachsten erklären. Ich schmeichle mir, in diesem Werkchen alle harmonische Schwierigkeiten ganz leicht aufgelöset, und überhaupt alle Werke unserer größten Harmonisten verständlich gemacht, und gezeiget zu haben, woran man die schlechten Harmonisten erkennen könne. Dieser Nutzen allein würde mich schon zu dem Entschlusse gebracht haben, diese wenige Bogen als eine Zugabe meiner Kunst des reinen Satzes beyzufügen, wenn der Einfluß, den die Einsicht in den Grundharmonien in den vielstimmigen reinen Satz selbst hat, nicht offenbar wäre.

Die

Die wahren
Grundsätze zum Gebrauch der Harmonie.

§. 1.

Die ganze Harmonie besteht nur aus zween Grundaccorden, die der Ursprung aller andern Accorde sind, und auf denen sich alles, was nach dem reinen Satz gesetzt ist, zurückführen läßt; diese sind:

α) der consonirende Dreyklang, der entweder hart, oder weich, oder vermindert ist; und

β) der dissonirende wesentliche Septimenaccord, der viererley Zusammensetzungen fähig ist: entweder besteht er aus der kleinen Septime mit der reinen Quinte und großen, oder kleinen Terz; oder mit der falschen Quinte und kleinen Terz; oder aus der großen Septime mit der reinen Quinte und großen Terz.

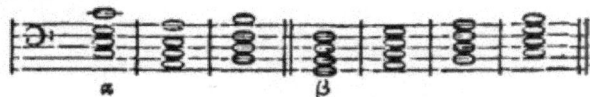

α   β

§. 2.

Von dieſen Grundaccorden iſt immer die vorhergehende an Harmonie vollkommener, als die darauf folgende. So iſt der harte Dreyklang der vollkommenſte; der verminderte hingegen der unvollkommenſte conſonirende Grundaccord: und der Accord der kleinen Septime mit der reinen Quinte und großen
Terz iſt der vollkommenſte, der Accord der großen Septime hingegen der unvollkommenſte diſſonirende Grundaccord. (¹)

§. 3.

Jeder weſentlich zu dieſen Grundaccorden gehörige Ton kann verſetzt, d. i.
zur Baßnote gemacht werden. Da nun ein jeder Accord von dem unterſten
Ton deſſelben ſeine Beſtimmung erhält, ſo entſtehen aus dieſer Verſetzung ver-
ſchiedene andere an Geſtalt und Kraft von ihren Grundaccorden unterſchiedene
Accorde, die alsdenn verſetzte oder verwechſelte Grundaccorde ſind, deren Grundbaß

(1) Der Beweis davon iſt dieſer; die
Fortſchreitung des erſten Septimenaccordes führt unmittelbar zu dem Dreyklang
der Tonica, der von demſelben auf deſſen Dominante vorbereitet wird, und
bewürkt ſodann eine völlige Ruhe:

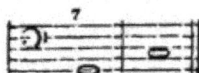

Der zweyte Septimenaccord iſt weniger
vollkommen, weil die Fortſchreitung deſſelben nicht unmittelbar auf den Dreyklang einer Tonica, ſondern erſt auf deſſen Dominante geſchehen kann; führt
aber zu einer Durcadenz:

und iſt daher vollkommener, als der dritte
Septimenaccord, der auf eben die Art
zu einer Mollcadenz führet:

Der vierte Septimenaccord hat noch eine
Fortſchreitung mehr nöthig, um uns in
Ruhe zu ſetzen,

und iſt daher der unvollkommenſte von
allen.

baß derselbe ist.   So giebt der Dreyklang in der Verwechslung den Sexten=
und Quartsextenaccord α); und aus der Verwechslung des Septimenaccordes
entstehen der Quintsexten= Terzquarten= und Secundenaccord β).   Die Grund=
harmonie von den ersteren ist der Dreyklang; und von den letztern der wesentliche
Septimenaccord.

§. 4.

Diese aus der Verwechslung entstandenen Accorde, sind in Absicht der
Behandlung mit ihren Grundaccorden völlig einerley: An Vollkommenheit der
Harmonie aber stehet einer dem andern nach.   So ist nemlich der Grundac=
cord selber der vollkommenste; die erste Verwechslung weniger; die zweyte noch
weniger, als die erste, und die dritte wiederum weniger vollkommen, als die
vorhergehenden. (²)   Diese verschiedenen Grade der harmonischen Vollkom=
menheit,

(²) Denn mit

geschiehet die vollkommenste harmonische
Schlußcadenz;

setzt weniger in Ruhe;

noch weniger; und

am allerwenigsten; weil wegen der Auf=
lösung

menheit, sowol der Grundaccorde an sich selbst (§. 2.), als deren Verwechslungen, wenn man noch hiezu erwäget, daß jedweder Accord bey unverän-
dertem Baße drey verschiedene Lagen hat, die wiederum eine für der andern mehr
oder weniger würksam sind, bewürken in der Harmonie eine wunderbare Man-
nigfaltigkeit, die einen großen Einfluß in den musikalischen Ausdruck hat, und
ohne welche die Musik allen Reiz verlieren würde.

§. 5.

In der Fortschreitung von einem Accord zum andern, kann jeder zu obigen Accorden gehörige Ton, in welcher Stimme er auch liege, entweder einzeln,
oder mit andern zugleich, von oben oder unten durch einen vorhergehenden Ton
aufgehalten werden, der alsdenn dissouiret, und bald darauf in seine wesentliche
Lage treten, oder resolviren muß. Hieraus entstehen eine Menge dissonirender
Accorde, deren Resolution in demselben Grundaccorde geschiehet, von dem sie,
wie Vorhalte, anzusehen sind. Man sehe die brauchbarsten davon in folgenden zwey Tabellen.

I. Tabelle des vorgehaltenen Dreyklanges.

Der Drey-
klang mit
seinen Vor-
halten.

lösung der Septime vom Grundtone, die
bey dem Secundenaccord im Baße liegt,
und einen Grad unter sich treten muß,
statt der Tonica, die nothwendig am
Schluß

Der Sextenaccord mit seinen Verhalten.

Der Quartsextenaccord mit seinen Verhalten.

Schluß im Baße stehen muß, dessen Terz mit dem Sextenaccord vernommen wird, womit kein Schluß bewerkstelliget werden kann.

B

Der conſo-
nirende Ac
cord, wenn
der Vorhalt
im Baß iſt.

Von allen dieſen diſſonirenden Accorden iſt C mit dem harten Dreyklang
der Grundaccord.   Der mit einem * bezeichnete Secundquartſeptimenaccord,
wo der Vorhalt als None vom Grundtone im Baß liegt, wird von großen
Harmoniſten ſelten und mit Behutſamkeit gebraucht.   Auf eben dieſe Art können der weiche und verminderte Dreyklang und ihre Verwechslungen verge-
halten werden: doch ſind bey dem verminderten Dreyklang einige von dieſen Vorhalten weniger brauchbar, als andere.

II. Tabelle des vorgehaltenen Septimenaccordes.

Der Septi-
menaccord
mit ſeinen
Vorhalten.

Der Quint-sextenaccord mit seinen Vorhalten.

Der Terz-quartenaccord mit seinen Vorhalten.

Der Secundenaccord mit seinen Vorhalten.

B 2

Der wesent-
liche Septi
menaccord,
wenn der
Vorhalt im
Baß ist.

Der Grundbaß von diesen Accorden ist G mit dem wesentlichen Septimenaccord. Jeder kann die Vorhälte von den unvollkommenern Septimenaccorden und ihren Verwechslungen auf eben diese Art, sowol in der Dur = als Moll = Tonart, leicht selbst aussetzen, wodurch denn die natürliche Entstehung und Behandlung aller dissonirenden Accorde von den einfachsten bis zu den fremdesten, wovon man hin und wieder in guten harmonischen Stücken Beyspiele antrift, deren Auflösung vielen ein Räthsel geblieben ist, deutlich und zugleich ihre Anzahl und die Gränze, außer welcher kein Accord mehr existiren kann, angegeben und festgesetzet wird.

§. 6.

Alle auf solche Art durch Vorhälte entstehende Dissonanzen werden von uns zufällige genennet, um sie von der Dissonanz der Septime, die wir die wesentliche nennen, zu unterscheiden. Jene dissoniren am meisten gegen den Ton, an dessen Stelle sie stehen, und ihre vollkommenste Resolution geschiehet über eben denselben Baß in den Grundaccord α: die wesentliche Septime hingegen dissoniret nicht deswegen, weil sie an die Stelle einer Consonanz gesetzt worden; sondern darum, weil sie den consonirenden Intervallen beygefüget worden, da sie denn die consonirende Harmonie des Dreyklanges zerstöhret, wenigstens sehr unvoll-
kommen,

kommen macht. Sie kann deswegen, weil sie keines andern zu demselben Baß-ton gehörigen Tones Stelle vertritt, auch nicht über denselben Grundbaß resol-viren, sondern macht die absolute Folge einer ganz andern Harmonie zu ihrer Resolution nothwendig β. Hierinn besteht der Unterschied der zufälligen von der wesentlichen Dissonanz.

Die Quarte bey dem letzten Exempel ist ein Vorhalt der Terz, und resolvirt über eben dieselbe Baßnote, daher ist sie zufällig; die Septime hingegen kann erst auf die folgende Harmonie resolviren, daher ist sie wesentlich.

§. 7.

Die wesentliche Dissonanz kann sowol auf einem guten als schlechten, die zufälligen aber nur auf einem guten Taktglied allein vorkommen.

§. 8.

Aus dem vorhergehenden erhellet, daß alle Intervalle, auch die ursprüng-lich consonirend sind, zufällige Dissonanzen werden können, wenn sie Vorhälte vor denen zu dem Grundaccord erforderlichen Tönen sind. Daher giebt es auch zweyerley Quartsertenaccorde, nemlich der consonirende, der die zweyte Verwechs-lung des Dreyklanges ist, und der dissonirende, wo die Serte ein Vorhalt vor der Quinte, und die Quarte ein Vorhalt vor der Terz ist, die daher wegen der verschiedenen Grundharmonie und der daraus entstehenden verschiedenen Behand-lung wohl von einander zu unterscheiden sind. Ihre vornehmsten Unterschei-dungskennzeichen sind folgende:

Bey

Bey dem diffonirenden Quartfertenaccord kann allemal die Quinte statt der Serte, und die Terz statt der Quarte angeschlagen werden; bey dem confonirenden findet dieses nicht statt.   Z. E.

Hier ist bey dem Quartfertenaccorde des ersten Taktes statt der Serte keine Quinte anzuschlagen möglich; daher ist er consonirend, und hat die Unterquinte vom Baß- ton mit dem Dreyklang zum Grundaccord.   Diese consonirende Quarte kann, weil sie die Octave des Grundtones ist, wie alle übrigen consonirenden Inter- valle frey eintreten, auch verdoppelt werden; sie kann als die Auflösung einer vorhergehenden Dissonanz vorkommen, wie hier:

Eie

Sie kann, da sie eine Consonanz ist, sowol auf einem guten als schlechten Takttheile angebracht werden, und ohne Zwang auf- oder unterwärts in andere Töne
fortschreiten.   Hingegen ist im obigen Exempel der Quartsextenaccord des zweyten Takts + dissonirend, weil statt der Sexte die Quinte angeschlagen werden
kann, deren Vorhalt jene ist, und worinn sie resolviren muß: die Quarte steht hier
statt der Terz, und muß in dieselbe resolviren.   Der Baßton dieses dissonirenden
Quartsextenaccordes ist der wahre Grundton mit dem Dreyklang.   Da bey diesem Accord sowol die Quarte als Sexte zufällige Dissonanzen sind, so können
sie weder frey eintreten, noch verdoppelt werden, noch anders als auf einem guten Takttheile vorkommen, sondern sind mit allen andern zufälligen Dissonanzen
denselben Regeln unterworfen.

Der consonirende Quartsextenaccord verträgt oft die kleine Terz des Baßtones, die die wesentliche Septime des Grundtones ist, neben sich, wie in folgendem Exempel:

Grundbaß.

Bey dem dissonirenden Quartsextenaccorde findet diese Terz niemals statt.   Wer
ein Gefühl von einer richtigen Fortschreitung der Grundharmonie hat, darf nur
auf den Grundbaß Acht geben, um den dissonirenden von dem consonirenden
Quartsextenaccorde sogleich zu unterscheiden.   Und damit wäre des ewigen Strei-
tens, ob die Quarte con- oder dissonirend, ob sie bald eine Quarte, bald eine
Undecime sey, worüber so viele Federkriege mit unaussprechlicher Lieblosigkeit ge-
führet, und dennoch nichts entschieden worden, endlich einmal ein Ende gemacht.

§. 9.

§. 9.

Der Unterſchied der zufälligen Septime, die entweder ein Vorhalt der Octave oder der Serte iſt, und der weſentlichen Septime, deſſen Accord der ſelbſtſtändige Grundaccord iſt, wird aus folgendem erkannt:

Die zufällige Septime, die ein Vorhalt der Octave iſt, iſt allemal groß, weil ſie das Subſemitonium modi wird, und tritt bey ihrer Reſolution einen halben Ton über ſich in die Octave des Grundtones, wie hier:

Die kleine Septime kann daher niemals ein Vorhalt der Octave ſeyn, wohl aber der Serte. Daher muß bey jedem Septimenaccord darauf Acht gegeben werden, ob nicht nach der Septime die Serte über eben denſelben Baß nachgeſchlagen werde, wenigſtens ſtatt ihrer angeſchlagen werden könne; denn wo dieſes ſtatt findet, iſt die Septime zufällig, und wird in Anſehung des Grundaccordes für eine Serte angeſehen; wo dieſes aber nicht angehet, iſt ſie weſentlich. Man ſehe folgende Exempel:

Bey allen diesen Exempeln steht die zufällige Septime statt der Serte, die statt ihrer angeschlagen werden kann, und worinn ihre Resolution über denselben Baßton geschiehet; außer dieser zufälligen Septime findet sich bey den letzten drey Exempeln zugleich die wesentliche Septime, nemlich F vom Grundbaß, an dessen statt ein anderes Intervall über denselben Baßton weder an= noch nachschlagen kann, sondern zu ihrer Resolution wird eine ganz andere Harmonie erforderlich. Dadurch unterscheiden sich beyde Septimen aufs deutlichste, und bestimmen die einer jeden zukommenden Grundharmonie so einleuchtend, daß man sie gar nicht versehlen kann.

§. 10.

Es ist vorher gesagt worden, daß die Resolution der zufälligen Dissonanzen am natürlichsten auf demselben Baßton geschehe, sie kann aber auch erst auf einer folgenden Harmonie geschehen; dadurch erhalten sie das Ansehen, als ob sie wesentlich wären. Z. E.

Solche Verzögerungen der Resolution können in der Grundharmonie keine Veränderung bewürken. Nach dem, was von den Eigenschaften der zufälligen Dissonanzen gesagt ist, erkennet man bald, daß bey dem ersten Exempel die Quarte statt der Terz, bey dem zweyten die None statt der Octave, und bey dem dritten und vierten die Septime statt der Sexte steht, und Vorhälte sind, deren Resolution, statt über denselben Baßton zu geschehen, bis auf die folgende Harmonie verzögert wird, folglich bey den drey ersten Exempeln der Dreyklang von C, und bey dem letzten der wesentliche Septimenaccord von G zum Grunde liege. In Ansehung der Septime, die in solchen Fällen einige Schwierigkeit machen könnte, hat man hauptsächlich darauf Acht zu geben, ob statt ihrer die Sexte angeschlagen werden könne, wie schon in vorhergehenden Paragraphen gelehret worden. Wir merken hiebey an, daß solche Aufhaltungen der Resolution der zufälligen Dissonanzen auf eine folgende Harmonie nicht statt finden können, es sey denn, daß diese den Ton, in welchen die Resolution geschiehet, vertrage.

§. 11.

Wenn bey dem wesentlichen Septimenaccord die None vor der Octave vorgehalten wird, und ihre Resolution erst auf der folgenden Harmonie geschiehet, wie hier:

oder in Moll.

so bleibt nach Wegnehmung des Baßtones ein Septimenaccord übrig, der, da er wie der wesentliche Septimenaccord aus Terz, Quint und Septime zusammengesetzt und derselben Verwechslungen fähig ist, einige verleiten könnte, ihn für einen selbstständigen Grundaccord zu halten. Es hat in der That Systematiker gegeben, die besonders den verminderten Septimenaccord,

der wegen seines schönen Verhältnisses von lauter über einander zusammengesetzten kleinen Terzen dem Ohre angenehm und leicht zu fassen ist, auch daher von den Harmonisten nicht allemal, wie die übrigen Dissonanzen vorbereitet, sondern frey angeschlagen, und erst auf die folgende Harmonie resolviret wird, Eigenschaften eines Grundaccordes haben anerkennen wollen, und ihn auch, wiewol ohne Grund, dafür erkläret haben. Andere, die das Unzulängliche dieser Erklärung eingesehen, haben zwar die Unterterz der Baßnote von diesem Accord zum Grundton festgesetzet; doch haben sie auf einer andern Seite gefehlet, indem sie ihn für einen selbstständigen Septnonenaccord und Grundaccord angenommen haben. Beydes ist irrig. Denn, nur eins zu erwähnen; im ersten Falle kann die Septime, ohne der Harmonie zu schaden, über denselben Baß in die Sexte gehen, ja die Sexte kann statt ihrer angeschlagen werden; im zweyten Falle hat es mit der None dieselbe Bewandniß, an dessen statt die Octave gehöret werden kann: dieses aber streitet gegen das Wesen eines Grundaccordes, der so beschaffen seyn muß, daß gar keine wesentliche Veränderung an seinen Intervallen, indem eines für das andere genommen werden kann, muß möglich seyn können. Nach unserer gegebenen Erklärung von den zufälligen Dissonanzen und deren bis auf die folgende Harmonie verzögerten Resolution folgt ganz natürlich, daß dieser Septimenaccord, den wir zum Unterschiede des wesentlichen Grundaccordes den uneigentlichen nennen wollen, er mag nun vermindert oder nicht vermindert seyn, zwar ein Septnonenaccord von dem Grundton, nemlich von der Unterterz des Baßtones sey; aber da die None eine zufällige Dissonanz und ein bloßer Vorhalt der Octave ist, dessen Resolution erst auf der folgenden Harmonie geschiehet, im Grunde nichts anders, als unser wesentlicher Septimenaccord seyn könne, und auch in der That nichts anders ist. Dieses ist aus folgenden Exempeln deutlich zu ersehen:

Nimmt man die zufällige Septime vor der Serte weg, so bleibt der Quintsertenaccord, als die erste Versetzung des wesentlichen Septimenaccordes übrig, woraus
man auch sogleich die Behandlung dieses uneigentlichen Septimenaccordes erkennet:
denn da der Baßton von dem Quintsertenaccord am natürlichsten um einen Grad
über sich in den Dreyklang oder dessen Verwechslungen tritt, so muß auch der
uneigentliche Septimenaccord dieselbe Fortschreitung haben, welches die Erfah-
rung auch bestätiget.   Hingegen ist diese Fortschreitung dem wesentlichen Septimenaccorde gar nicht natürlich.   Daher ist in folgenden Exempeln der Septimenaccord uneigentlich, und hat die Unterterz des Baßtones mit dem wesentlichen
Septimenaccord zum Grunde.

In dem letzten Exempel folgt auf den uneigentlichen der wesentliche Septimenaccord, dessen Baßton eine ganz andere Fortschreitung hat, und daher mit jenem
gar nicht verwechselt werden kann.

§. 12.

Eben so verhält es sich auch mit den Verwechslungen des uneigentlichen
Septimenaccordes; ihre Fortschreitungen sind von denen des wesentlichen Septimenaccordes ganz verschieden. Daher wenn man die vorhin gegebene Erklärung
auch auf die Verwechslungen dieses Septimenaccordes anwendet, wird man die
wahre Grundharmonie in folgenden Exempeln nicht verfehlen können.

C 3

Man siehet leicht, daß bey jedem nur bezeichneten Accorde die zufällige None vom Grundbaß statt der Octave steht, und daß alle diese Accorde Verwechslungen des uneigentlichen Septimenaccordes sind, die, wenn sie Verwechslungen des wesentlichen Septimenaccordes wären, eine ganz andere Fortschreitung haben müßten, wie aus folgenden Beyspielen erhellet.

Grundbaß.

u. a. m.

§. 13.

§. 13.

Wer eine natürliche Fortschreitung der Harmonie von einer unnatürlichen zu unterscheiden im Stande ist; und dieses wird bey denen vorausgesetzt, die die Auflösung aller Accorde in ihre wahren Grundaccorde völlig verstehen wollen; dem wird es nach diesen Erklärungen etwas leichtes seyn, die Behandlung der verschiedenen Septimenaccorde genau zu erkennen, und die richtigen Grundaccorde davon eugeben zu können, wenn nur dabey sowol auf die vorhergehende als folgende Harmonie Acht gegeben wird. Ohne dem aber wird man nicht allezeit wissen können, ob die Septime zufällig oder wesentlich, ob statt ihrer die Sexte angeschlagen werden könne, oder nicht. Jedweder Septimenaccord, der auf eine folgende Harmonie führt, ist entweder die Grundharmonie selbst, oder er hat die Unterterz vom Baßtone mit dem wesentlichen Septimenaccord zum Grunde. Der verminderte Septimenaccord kann gar nicht auf zweyerley Weise angesehen werden, sondern die Septime steht allezeit statt der Sexte, und hat daher allezeit die Unterterz vom Baßtone zum Grunde; eben dieses gilt von den Verwechslungen dieses Accordes, die von allen andern Verwechslungen der Septimenaccorde am kenntbarsten sind, und in Ansehung ihrer Grundharmonie nicht die geringste Schwierigkeit machen können. Hingegen bey folgendem Exempel

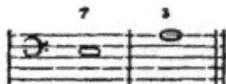

findet sowol eine als die andere Grundharmonie bey dem Septimenaccorde statt. Siehet man aber auf die vorhergehende Harmonie, und das Exempel steht so:

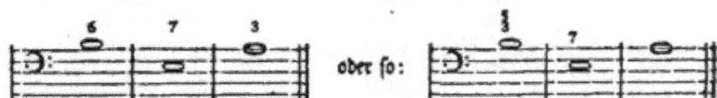

so erkennet man, daß im ersten Falle die Septime statt der Sexte stehe, und ihre Resolution bis auf die folgende Harmonie verzögere, folglich die Unterterz vom Baßtone, nemlich C mit dem Dreyklange zum Grunde habe; und daß im andern Falle die Septime wesentlich, und der Accord die Grundharmonie selbst sey.

Ein

Ein anderes Exempel, wo der Accord der Septime sowol wesentlich als uneigentlich seyn kann:

Giebt man nun auf der folgenden Harmonie Acht, und man findet:

so erkennet man ohne Schwierigkeit, daß die Septime im ersteren Falle wesentlich, im andern aber zufällig sey, und daß in vollstimmigen Sachen bey dem ersten Exempel der verminderte Dreyklang von H. und bey dem zweyten der harte Dreyklang von G, als die Grundaccorde von beyden Exempeln mit der Septime, verdoppelt werden müsse. Eben so erkennet man auch die Verwechslungen dieser Septimenaccorde aus der vorhergehenden oder folgenden Harmonie, und bestimmt ihre wahren Grundaccorde.

§. 14.

Da der wesentliche Septimenaccord auf der Dominante einer Tonica der vollkommenste dissonirende Accord (§. 4.) und daher dem Ohre eben so faßlich, als der Dreyklang ist, so ist die Vorbereitung dieser Septime nicht allemal nothwendig, sondern sie kann oft frey anschlagen, auch wenn die Octave in dem vorhergehenden Accord nicht gelegen hat; nur muß im letztern Fall in Acht genommen werden, daß beyde Intervalle nicht neben einander als Secunde vernommen werden, weil der Accord dadurch an der Deutlichkeit verliert. Daher kömmt es bey der Zusammensetzung aller dissonirenden Accorde, zumal wenn sie vielstimmig sind, hauptsächlich auf eine geschickte Vertheilung der Intervalle an, damit sie dem Ohre faßlich klingen. Jeder dissonirende Accord kann angesehen werden, in so fern die darinn enthaltene Dissonanz gegen die Grundharmonie dissoniret, und in so fern die Intervalle, aus denen er zusammengesetzt ist, gegen sich con- oder dissoniren. Je mehr Dissonanzen gegen die Grundharmonie in ihm enthalten sind, je mehr ist nöthig, daß die Intervalle gegen sich consoniren, und wo dieses nicht überall angeht, müssen die Dissonanzen wenigstens so geordnet seyn, daß jede für sich gehöret werden kann, nemlich, sie müssen aus einander liegen und sich nicht weiter als bis auf eine kleine Terz nähern. Kann der Accord so

zusam-

zusammengesetzt werden, daß jedes Intervall mit seinem nächsten consonirt, so ist er am faßlichsten; stehen aber in der Zusammensetzung Secunden neben einander, so wird er unverständlicher, und je unverständlicher, je mehr und je näher sich diese Secunden sind. Daher kann sogar die zufällige None, wenn sie mit der wesentlichen Septime von der Dominante verbunden ist, in dieser consonirend zusammengesetzten Lage

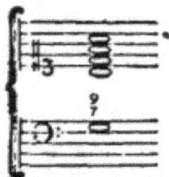

ohne Vorbereitung anschlagen und oft besser verstanden werden, als die Octave selbst, wenn sie in der Zusammensetzung gegen die Septime eine Secunde ausmacht, wie hier:

Aus dieser Ursache vertragen nicht allein viele dissonirende Accorde entweder gar keine, oder doch nicht alle Versetzungen, je nachdem mehr oder weniger Dissonanzen in ihm enthalten sind, die nicht unter sich consonirend zusammengesetzt werden können; sondern auch die Lagen eines und eben desselben Accordes oder dessen Verwechslungen sind über denselben Baß aus eben dieser Ursache nicht von gleicher Güte, sondern faßlicher und brauchbar, oder unverständlicher und unbrauchbar. Ueberhaupt sind die Accorde, wo eine zufällige Dissonanz im Baße liegt, am allerwenigsten brauchbar, bey denen die vom Grundbaß consonirenden Intervalle gegen den Baßton zu Dissonanzen werden, die ohne Resolution fortschreiten. In dem vorhin angeführten Septnonenaccord sind zwey Dissonanzen enthalten, nemlich die wesentliche Septime und die zufällige None; außerdem befinden sich in diesem Accord noch drey dissonirende Secunden, nemlich von der

D   Septime

Septime zur Octave, von der Octave zur None, und von der None zur Decime oder der Terz; dennoch klingt der Accord in der obigen Lage sehr faßlich, weil die Intervalle in lauter über einander gesetzten consonirenden Terzen vertheilt sind: Hingegen ist dieser nemliche Accord in folgenden Lagen unverständlicher:

weil außer den vorerwähnten Dissonanzen noch eine Secunde in der Zusammensetzung vernommen wird, wodurch dem Ohre zu viel geschiehet. Wird diese Secunde um einen halben Ton weiter aus einander gesetzt, so kann der Accord dadurch weit faßlicher werden, wie hier:

Will man nun den Septnonenaccord verwechseln, so entstehen aus der Verwechselung folgende vier Accorde:

die wenigstens in diesen Lagen unverständlich sind, und wovon der letzte am wenigsten brauchbar ist, weil die zufällige Dissonanz im Baße liegt. Sind aber
die

die Intervalle von den drey erstern Versetzungen consonirend unter sich vertheilet, oder doch wenigstens in einer gewissen Entfernung, wie hier:

so werden sie dadurch faßlicher.

Da kein Accord mehr als höchstens vier Dissonanzen in sich enthalten kann, so wird bey allen mehrstimmigern Accorden die Grundharmonie in den untern Stimmen verdoppelt, wie z. E.

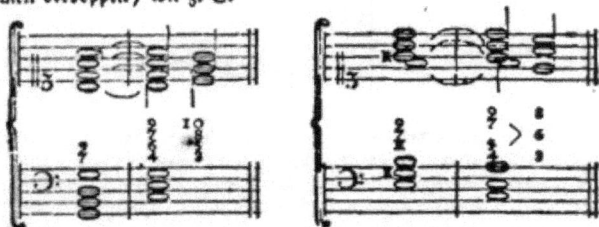

Dieses geschiehet überhaupt bey allen vielstimmigen Accorden, wenn auch eben nicht alle vier Dissonanzen in ihm enthalten sind, wie z. E.

u. a. m.

woraus

woraus die Nothwendigkeit erhellet, von jedem Accord die Grundharmonie zu kennen, ohne dem man nicht wissen kann, welche Intervalle man in vielstimmigen Accorden zu verdoppeln habe, und Gefahr läuft, Dissonanzen für Consonanzen zu verdoppeln, wodurch denn nicht allein verbotene und unverständliche Fortschreitungen entstehen, sondern auch ganz andere Accorde herausgebracht werden, als man sich vorgesetzt hatte und als die Fortschreitung es erforderte.

§. 15.

Nachdem auf diese Weise das Wesentlichste, was zur Erkenntniß und Behandlung der Grundharmonien und der daraus entstehenden Accorde gehöret, erkläret worden, ist es nun auch nöthig, von einigen außerordentlichen Accorden, die zu keinem von unsern beyden Grundaccorden zu gehören scheinen, und von gewissen harmonischen Freyheiten, hinlängliche Erklärung zu geben.

Der Accord der übermäßigen Sexte, der mit der großen Terz und übermäßigen Quarte zusammengesetzt wird,

ist dem Anscheine nach weder eine Versetzung des Dreyklanges noch des wesentlichen Septimenaccordes. Was ist er denn? Er ist im Grunde nichts anders als der dissonirende Terzquartenaccord, der aus der zweyten Verwechslung des dritten wesentlichen Septimenaccordes (§. 1.) entstehet. Man darf, um hievon überzeugt zu seyn, nur auf den Ursprung und Behandlung dieses Accordes zurücksehen. Wenn die Alten in Molltönen einen halben Schluß auf der Dominante der Tonica machen wollten, bedienten sie sich des natürlichen Terzquartenaccordes, als einen vorzüglichen Leitaccord zu einem solchen Schlusse auf folgende Art:

oder auch ohne
Quarte, wie
hier: welches
aber im Grunde
derselbe Accord
ist.

Wollten

Wollten sie den Schluß piquanter machen, so erhöhten sie zwar die Serte um einen halben Ton, und setzten ✕d statt d, wodurch der folgende E accord nothwendiger und die Cadenz fühlbarer gemacht wurde: aber um ein gewisses Mi fa, welches hierinn durch die in der Umkehrung entstehende verminderte Terz ✕d – f enthalten, und durchgängig bey ihnen verboten war, zu vermeiden, erhöhten sie alsdenn auch zu gleicher Zeit den Baßton um einen halben Ton und setzten ✕F statt F, wie hier:

oder:

wodurch ein anderer natürlicher Terzquartenaccord entstand, der aus der Verwechslung des ersten wesentlichen Septimenaccordes entspringt. Die Neuern suchten das Piquante der letztern Cadenz beyzubehalten: aber da das Fis im Baße einen übeln Abstand von der A moll-Tonart macht, und hart klingt, wurde, des verbotenen Mi fa ohngeachtet, F statt Fis im Baße natürlicher befunden, und die übermäßige Serte auf folgende Art eingeführt.

Daburch wurde die Molltonart mehr charakterisiret, der folgende Accord nothwendiger und die Cadenz sanfter gemacht. So entstand die übermäßige Serte, die, da sie eine bloße von der Melodie in die Harmonie übergetragene Verzierung ist, und statt der gewöhnlichen großen Serte steht, die allezeit an ihrer Stelle angeschlagen werden kann, weder in der Grundharmonie eine Veränderung bewürken, noch viel weniger einen für sich bestehenden Grundaccord formiren kann, wie einige irrig gelehrt haben. Der übermäßige Sextenaccord hat daher allezeit die Unterquinte vom Baßtone mit unserm dritten wesentlichen Septimenaccord zum Grunde, wie hier:

und wird statt der Quarte die Quinte in diesem Accord gesetzt, so ist diese Quinte die zufällige None vom Grundbaß, die entweder über denselben Baßton resolviret, oder ihre Resolution bis auf die folgende Harmonie verzögert, wo sie in die Quinte tritt.

Dieser übermäßige Sextenaccord kann nicht so versetzt werden, daß die aus der Umkehrung entstehende verminderte Terz neben einander zu stehen komme, weil diese Terz auch nicht einmal in einer gewissen Entfernung von ein oder zwey Octaven wohl verstanden werden kann (s. §. 14.).

§. 16.

So wie es mit dem übermäßigen Sextenaccorde beschaffen ist, eben so verhält es sich mit dem Dreyklange, der die übermäßige Quinte bey sich führet. Z. E.

oder in seinen Vertwechslungen.

Diese übermäßige Quinte vom Grundtone ist so wenig wie die übermäßige Sexte, ein zu dem Accord wesentlich gehörendes Intervall; sie ist, wie jene, eine bloße Verzierung, die dazu dient, den folgenden Ton, worinn sie fortschreiten will, nothwendig und fühlbar zu machen: da aber statt ihrer die gewöhnliche reine Quinte eben so gut stehen, und die Fortschreitung sowol in dem folgenden Ton als dem folgenden Accord eben dieselbe seyn kann, so bleibt auch die Grund- harmonie eben dieselbe, die sie seyn würde, wenn diese und alle dergleichen zu- fällige Schönheiten nicht angebracht wären. Es hat mit diesen neuerfundenen Verzierungen, so sehr sie auch dem Accorde eine veränderte Gestalt geben mögen, dieselbe Bewandniß, wie mit den zufälligen Dissonanzen: sie können in der Grundharmonie keine Veränderung hervorbringen, sondern werden angesehen, als ob sie nicht da wären.

§. 17.

Wir haben den neuern noch die Erscheinung eines andern Accordes zu ver- danken, der vermuthlich dem feinem Ohr unsrer galanten Componisten sehr schmeicheln muß, da man ihn fast auf allen Seiten ihrer Compositionen zu öfte- ren malen antrift, wovon es ihnen aber schwer fallen möchte, einen zureichenden Grund anzugeben. Dieser Accord besteht aus der verminderten Octave, kleinen Sexte und kleinen Terz, und wird hauptsächlich als eine Einleitung in einer hal- ben Cadenz auf der Dominante des Hauptones gebraucht, wie hier:

oder:

Es ist lächerlich, wenn man erwägt, zu welchem Mißbrauch unschuldige melodische Verzierungen, dergleichen ein Vorschlag ist, in den Ausarbeitungen der neuern Componisten gediehen sind. Wenn die ältern Tonlehrer sich eines Vorschlages bedienten, so geschah es allezeit vor einem zu dem Grundtone consonirenden Intervall, damit das Gehör, welches durch das Unerwartete einer Dissonanz, die nicht vorbereitet gewesen war, erschüttert worden, bald wieder in Ruhe gebracht würde. Die Neuern, deren Organe vermuthlich nicht so leicht in Erschütterung gebracht werden, haben erstlich bemerkt, daß in gewissen Fällen, Dissonanzen, wenn sie frey angeschlagen werden, ganz angenehm klingen; vornemlich die wesentliche Septime mit dem Dominantenaccord, und die None, wenn sie mit dieser Septime verbunden ist.   Dann haben sie diese Töne, als wenn sie consonirend wären, von andern vorhalten lassen, die darauf zu frey anschlagenden Vorschlägen gemacht worden sind, aus denen man wiederum geltende Noten gemacht, die mit neuen Vorschlägen bebrämt worden, und immer so fort, bis in der Zusammensetzung des Accordes kein Schatten von der Grundharmonie mehr übrig bleibt.   Wer sollte nicht glauben, daß man bey diesem verminderten Octavenaccord den harten und weichen Dreyklang von der Unterterz des Baßtones zugleich hören lassen wolle? Und dennoch, so wie er hier in den oben gegebenen Exempeln vorbereitet ist, läßt sich noch begreifen, daß die verminderte Octave und Sexte blosse Vorhälte, oder auch Vorschläge vor der darauf folgenden Septime und Quinte seyen, wie hier:

und daß der Grundbaß, dem dergleichen Zierrathen keinen Eintrag thun, von der auf ihnen folgenden Harmonie zu verstehen, und von dem gegebenen Exempel natürlicher weise

seyn müsse, wodurch denn auch die Behandlung dieses verminderten Octaven- und Septenaccordes offenbar wird, nemlich, da diese beyden Intervalle Vorhälte
vor

vor Dissonanzen sind, die frey anschlagen können, so müssen sie präpariret seyn, und in dem vorhergegangenen Accord schon gelegen haben. Wenn diese Vorhälte aber in unsern neuen Compositionen ohne alle Vorbereitung gesetzt und als ein Hauptaccord behandelt werden, auf folgende Art:

der wieder von andern Vorschlägen vorgehalten wird, z. E.

die bisweilen eben so wenig vorbereitet werden, wie hier:

oder wohl gar auf diese Art:

so mögen die Herren es selbst verantworten. Wir können von der Schreibart der unharmonischen Ausländer und derer, die sich nach ihnen gebildet haben, nicht

nicht Red und Antwort geben. Indessen bleiben wir bey solchen Sätzen bey der Unterterz des Baßtones mit dem wesentlichen Septimenaccord stehen. Wem dieser Grundbaß kein Genüge leistet, mag sich von den Erfindern solcher Delicatessen einen andern geben lassen, oder selbst einen andern dazu machen: die Harmonie gewinnt und verliert nichts dabey.

§. 18.

Es giebt in der Harmonie durchgehende Accorde, die sich auf keine Grundharmonie gründen; sie sind wie die durchgehenden Töne in der Melodie anzusehen, und entstehen aus diesen, wenn verschiedene Stimmen sich durchgehend bewegen. Bey folgendem Exempel

ist das zweyte D im Baße gegen den obenstehenden Accord ein blosser melodisch durchgehender Ton. Hingegen wird auf diesem D ein durchgehender Accord angebracht, wenn eine oder mehrere Stimmen des vorhergehenden Accordes sich zu gleicher Zeit mit demselben durchgehend fortbewegen, wie hier:

Daher sind durchgehende Accorde Zwischenaccorde, bey denen eine oder mehrere Stimmen durch eine stufenweise mehrentheils consonirende Fortschreitung von dem vorhergehenden zu dem folgenden Grundaccord übergehen. Sie stehen allezeit zwischen zweyen Grundaccorden, die entweder dieselben sind, oder doch sehr natürlich auf einander folgen. Sie können daher auch nur auf schlechten Taktzeiten

ten vorkommen, weil bey jedem auf einer guten Taktzeit angegebenen Accord im Gefühl ein Grundaccord nothwendig wird. Man erkennt sie ferner an dem Unnatürlichen ihrer harmonischen Fortschreitung, indem entweder irgend eine Dissonanz ohne Resolution bleibt, oder, wenn sie auch den Anschein eines regelmäßig behandelten Grundaccordes haben, dennoch dieser Grundaccord die natürliche Fortschreitung der Grundharmonie hemmen würde. Beyspiele davon sind folgende:

Grundbaß.

E 2

Die Franzosen bedienen sich des lehtern Exempels bey halben Schlußcadenzen auch auf folgende Art:

oder in Dur:

und

und haben aus diesem durchgehenden Quintsextenaccord, dessen Sexte sie la Sixte ajoutée benennet haben, einen selbstständigen Grundaccord formiret. Dieses ist falsch: denn da diese Sexte bey dergleichen Cadenzen, wie alle andere durchgehenden Intervalle, allezeit auf die schlechte Zeit des Taktes zwischen zweyen Grundaccorden fällt, die natürlich auf einander folgen, so kann sie auch nicht anders, als durchgehend angesehen werden: sie dienet blos, den halben Schluß in den Accord der Dominante etwas piquanter zu machen. Wäre sie nicht durchgehend, so müßten folgende auf eben die Art bey halben Cadenzen angebrachte Accorde:

u. a. m.

ebenfalls so viele Grundaccorde seyn, wodurch das System der Harmonie so buntscheckigt werden würde, daß man zuletzt nichts mehr darinn erkennen könnte: daher man auch im Generalbaß dergleichen durchgehende Accorde nicht allemal durch Ziffern anzeiget, zumal wenn die Bewegung etwas geschwind ist. Daß der französische Quintsextenaccord aus der ersten Versetzung des durchgehenden Septimenaccordes entstehe, wird man leicht bemerken: Wird jener nun zum Grundaccord angenommen, so entsteht dieser aus jenem, welches doch so widersinnig ist, als wenn man behaupten wollte, daß die Ursache aus ihrer Würkung entstehe. Wenn in dem Zusammenhang eines Stücks ein Accord ohnfehlbar erwartet wird, wie z. E. bey Cadenzen, so bedienen sich größere Harmonisten, um die erwartete

Harmonie

Harmonie deſto piquanter zu machen, noch weit fremderer Zwiſchenaccorde, die
darum doch alle durchgehend ſind.   Z. E.

Es giebt freylich Exempel, wo der Quintſextenaccord auch auf die gute Zeit des
Taktes fällt, und ohne Reſolution fortſchreitet; aber alsdenn geht ein Uebergang
der Reſolution vor, welches im folgenden Paragraphen auch bey mehreren diſſo-
nirenden Accorden erwieſen werden ſoll.

In Anſehung der ſchlechten Zeit des Taktes bey durchgehenden Accorden iſt
noch zu merken, daß hier überhaupt von der guten und ſchlechten Zeit des Ein-
ſchnittes geſprochen wird.   Im Allabrevetakt, oder wenn das Maaß des Ein-
ſchnittes von einer beträchtlichen Länge iſt, können durchgehende Accorde auch auf
dem Niederſchlage des Taktes fallen, wie hier:

alsdenn iſt der zweyte Takt die ſchlechte Hälfte eines rhythmiſchen Gliedes, ſo wie
die zweyte Hälfte eines Taktes ein ſchlechtes Taktglied iſt.

§. 19.

Wenn große Harmoniſten etwas heftiges ausdrücken, oder den Zuhörer
überraſchen wollen, bedienen ſie ſich der Freyheit, die Reſolution der weſentlichen
Septime ganz und gar zu übergehen; neinlich, der durch die Reſolution deſſelben
entſtehende conſonirende Accord wird ausgelaſſen, und an deſſen Stelle gleich
ein anderer diſſonirender Accord genommen, der erſt nach dem ausgelaſſenen Accord

cord hätte folgen sollen, und dessen Dissonanz durch diesen wäre vorbereitet worden.   So findet man oft statt dieses Ganges

und dessen Verwechselungen, folgende Gänge:

Bey allen diesen Gängen ist die Resolution der wesentlichen Septime übergangen, und die Grundharmonie ist wie von dem obigen zu verstehen, nemlich:

Gleiche Bewandniß hat es mit folgenden Exempeln, obgleich der an die Stelle
des ausgelaſſenen anſchlagende Accord nicht diſſonirend, ſondern conſonirend iſt:

(1)   (2)

(3)   (4)

Das erſte Exempel ſollte eigentlich heißen:

der zweyte Accord aber iſt übergangen worden.   Aus dem zweyten Exempel
erhellet, daß, wenn der Quintſextenaccord, den Rameau und ſeine Anhänger
mit aller Gewalt zu einen Grundaccord machen wollen, auf einer guten Zeit
ange-

angebracht ist und ohne Resolution fortschreitet, alsdann ein Uebergang der Resolution vorgehe, und daß das Exempel folgendermaßen zu verstehen sey:

Grundbaß.

Es findet also hier eben so wenig ein Grundaccord von der sogenannten hinzugefügten Serte statt, als bey französischen halben Cadenzen, wo dieser Accord auf eine schlechte Zeit fällt, und durchgehend ist. (s. d. vorherg. §.) Und in der That, wenn man in solchen Sätzen keinen Uebergang der Resolution annehmen, sondern den Quintsertenaccord zum Grunde legen will, wie wird man zu folgendem Exempel sich eine natürlich fortschreitende Grundharmonie vorstellen können?

Welche Folge von Grundharmonien liegt hier im Gefühle? die Rameauische?

F   bey

bey der man gar nicht erräth, wie die zwey ersten Accorde auf einander folgen
können: oder fühlt man nicht vielmehr, daß zwischen dem ersten und zweyten
Accord ein Uebergang der Resolution vorgegangen sey, und daß die Folge der
Harmonie nothwendig diese sey?

wovon der zweyte Accord übergangen ist.   Wie würde es um den Accord de la
Sixte ajoutée aussehen, wenn das oben gegebene Exempel folgendergestalt gesetzet
wäre, welches doch gar nicht ungewöhnlich seyn würde:

oder:

Unmöglich wird man es sich einfallen lassen können, hier wo im Baß x F steht,
F mit dem Quintsextenaccorde zum Grunde zu legen; und doch wollen die Ra-
meauer von keinem andern Grundbaß wissen: Vielleicht erhöhen sie ihren Grundton auch um einen halben Ton, und geben der Grundharmonie folgende Fortschreitung:

Das wäre doch zu arg.   Wie leicht werden solche Gänge hingegen verständlich,
wenn man den geraden Weg, den die Natur überall geht, nachfolgt, und erwägt, daß der Quintsextenaccord eine Verwechslung des Septimenaccordes sey,
daß in dem gegebenen Exempel seine natürlichste Fortschreitung in den Dreyklang
von G geschehe, auf den der Dreyklang von C folge, daß der Tonsetzer, des
Ausdrucks und des Gesanges der Stimmen wegen, den ersten Dreyklang übergangen, und statt dessen gleich den folgenden hören lasse, so wie dieses bey mehreren

reren Accorden geschiehet, deren Uebergang den Faden der natürlichen Fortschreitung nicht zerreißen und den Zuhörer wol frappiren, aber ihm nicht beschwerlich seyn kann: Und wie unnöthig ist es doch, daß System der Harmonie, das auf so simpeln Stützen ruht, durch so viele groteske Maßen zu beschweren, blos damit man bey schwachen Köpfen für gelehrt erscheine, und wol gar für den Erfinder der Harmonie gehalten werde, die doch lange vorher schon erfunden und empfunden, aber nicht so verunstaltet war. Dem alten Bach war gewiß keine Tiefe der Harmonie verborgen; er hat alle Möglichkeiten derselben in seiner Gewalt gehabt, und was mehr, als alles werth ist, er hat sie alle in Ausübung gebracht: kein Systematiker ist im Stande, mit allen Speculationen nach ihm etwas Neues hervorzubringen: und doch lassen sich alle seine Ausarbeitungen, so verwickelt einige auch anfangs scheinen mögen, auf einen natürlich fortschreitenden Grundbaß und auf zwey simple Grundaccorde zurückführen, den Dreyklang und den wesentlichen Septimenaccord; auch wird man in seinen Verdoppelungen niemals gewahr werden, daß er einen andern Accord zum Grunde gelegt habe. Wer würde diesem Manne, wenn er noch lebte, belehren können, daß er aufs Gerathewohl gesetzet habe, daß die Harmonie erst nach ihm erfunden oder wenigstens ins Reine gebracht worden sey, daß ein Quintsextenaccord, ein übermäßiger Sextenaccord, ein verminderter Septimenaccord, ein Undecimen= Tredecimen= und Apollo mag wissen, welche Accorde mehr existirten, die keine Verwechslungen von andern Accorden wären, deren Entdeckung man einem neuern Franzosen zu verdanken habe, dessen praktische Ausarbeitungen übrigens mehr fehlerhaft als richtig sind, und weit weniger Wissenschaft und Kenntniß der Harmonie verrathen, als die Ausarbeitungen seiner bessern Vorgänger und Zeitgenossen sowol seiner eigenen als auch anderer Nationen? — Doch wir kehren zu unserer Materie zurück.

Daß mehrere dissonirende Accorde, wenn sie ohne Resolution bleiben, auf einer schlechten Zeit durchgehend, hingegen auf einer guten Zeit, wo nothwendig eine Harmonie zum Grunde liegt, nur mit Annehmung des Ueberganges der Resolution verstanden werden können, erhellet aus den beyden letzten Exempeln von oben, wo bey No. 3. der Sextenaccord von A natürlicher Weise nicht auf den vorhergehenden Accord folgen könnte, wenn der Dreyklang von C nicht übergangen wäre: desgleichen ist bey No. 4. nach der zweyten Baßnote die Resolution der Septime, wozu der wesentliche Septimenaccord von G gehört, übergangen worden. Selbst die Resolution der zufälligen None, wenn sie mit der wesentlichen Septime verbunden ist, kann übergangen werden, wie aus folgendem enharmonischen Gang zu ersehen ist:

der eigentlich so zu verstehen ist:

Grundbaß.-

Der Accord der Resolution aber ist übergangen, und an dessen Stelle gleich der folgende genommen worden. Außer dieser None, die mit der wesentlichen Septime verbunden ist, kann die Resolution der zufälligen Dissonanzen niemals übergangen werden. Wenn man daher bey guten Harmonisten eine Quarte vom Baßton antrist, die nicht resolvirt, so ist diese Quarte nicht die zufällig dissonirende, die statt der Terz steht, sondern sie ist entweder die consonirende, oder sie ist die Terz von dem Septimenaccord des Grundbaßes, wie bey dem Secundenaccord.

§. 20.

Was Anticipation, Retardation und Verwechslung der Resolution sey, und wie dadurch in der Grundharmonie keine Veränderung bewürket werden könne, bedarf

bedarf wol keiner Erklärung. Indessen verdient doch hier angemerkt zu werden, daß der bekannte auf= oder niedersteigende Sextengang:

blos seinen Grund in der Anticipation und Retardation habe, ohnedem man ihn nicht würde entschuldigen können. Unmöglich können diese stufenweise nach einander anschlagende Sextenaccorde so viele Verwechslungen des Dreyklanges seyn. Wie kämen in einer so kurzen Zeit Cdur, Dmoll, Emoll u. s. w. die gar keiner so engen Verbindung unter sich fähig sind, nach einander vor, ohne unser Ohr zu beleidigen? Folgende Auflösung dieser Folge von Sextenaccorden zeigt, daß sie nichts weniger als Sextenaccorde, sondern Anticipationen in der Oberstimme, und auf sehr natürlich fortschreitenden Grundharmonien gebauet sind.

Grundbaß.

Grundbaß.

Oder ist der Gang so:

so können es auch Retardationen in den unteren Stimmen seyn, wie aus folgender Auflösung erhellet:

Grundbaß.

Grundbaß.

Folgendes, und dem ähnliche Exempel gehören auch hieher:

Die Sexte über der zweyten Baßnote wird des guten Gesanges oder anderer Um=
stände wegen anticipiret: an ihrer statt sollte die Septime stehen, und die Sexte
erst nach der Septime folgen, wie hier:

Daher

Daher ist der Grundbaß von dem obigen Exempel, wie von diesem zu verstehen, nemlich:

In Ansehung der Verwechselung der Resolution merken wir an, daß solche nur bey der wesentlichen Septime und deren Verwechslungen statt finde; die Resolution der zufälligen Dissonanzen kann so wenig verwechselt, als übergangen werden, es sey denn in Recitativen.

§. 21.

Bey Orgelpuncten, wo über einen liegenden Ton im Baße, oder in der Oberstimme, oder auch, wiewol selten, in einer Mittelstimme, meistentheils am Ende eines fugirten Tonstücks, eine Folge von Harmonien gebauet ist, die mit dem liegenden Ton nicht ganz in Verbindung stehen, wird dieser Ton nicht in Betracht gezogen, sondern die Grundharmonie hat mit den gehenden Stimmen zu thun, die unter sich eben so regelmäßig ausgearbeitet seyn müssen, als wenn der liegende Ton nicht da wäre. Da der Orgelpunct eine Freyheit ist, sich von dem Accord des liegenden Tones, der entweder die Tonica oder die Dominante, doch mehrentheils lieber die letztere ist, zu entfernen, und sich ihm allmälig wieder zu nähern, welches, wenn es zur rechten Zeit angebracht ist, dem Ohre sehr schmeichelt, so wird dabey die Vorsicht gebrauchet, keine Accorde hören zu lassen, die zu weit vom Ziele führen und die Zurückkommung schwer machen würden. Daher ist dieser bekannte Gang auch als eine Art von Orgelpunct anzusehen, ob er gleich nicht immer in contrapunctischen Stücken allein vorkommt.

oder:

Mit

Mit dem Secundquartseptimenaccord geschiehet bey dem ersten Exempel die Entfernung von der Harmonie des liegenden Baßtones, und mit dem folgenden Accord geschiehet die Annäherung wieder zu demselben zurück. Dieselbe Bewandniß hat es mit dem zweyten Exempel. Da nun der liegende Ton in solchen Fällen nicht in Betrachtung kömmt, so ist die Grundharmonie von dem ersten Exempel:

und von dem zweyten:

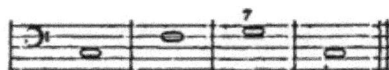

Man muß folgende Sätze nicht mit dem Orgelpunct verwechseln:

oder:

Die

Die Mehrheit der liegenden Stimmen zeigt hier die Grundharmonie an, zu wel=
cher der Baß die auf= oder niederſteigende Tonleiter hören läßt, welches eigentlich
nichts weiter als folgender erlaubter Satz iſt:

der nach Gutbefinden verziert und verlängert werden kann.

§. 22.

Dieſes ſind die Grundſätze, nach denen ſich alles, was nach dem reinen
Satz geſetzet iſt, es ſcheine oder klinge nun ſo räthſelhaft es anfangs wolle, in
zween ſimple Grundaccorde auflöſen läßt, auf denen die Harmonie ihr ganzes
Gebäude errichtet hat. Nun frägt es ſich: welcher Fortſchreitungen iſt denn der
Grundbaß fähig? oder welche Grundharmonien können natürlich auf einander
folgen? Dieſes in allen Fällen richtig zu beſtimmen, würde erfodert, daß jeder
Dreyklang und jeder weſentliche Septimenaccord von einem gegebenen Ton be=
ſonders vorgenommen, und deſſen mögliche und unmögliche Fortſchreitungen von
der Tonica, Dominante, Ober= und Untermediante ꝛc. in die verſchiedenen Grund=
accorde deſſen kleinen oder großen Secunde, Terz, Quarte u. ſ. w. angezeiget,
und die Urſache von deren Möglichkeit und Unmöglichkeit in allen Fällen ange=
geben würde. Dieſes würde für unſer Vorhaben zu weitläuftig ſeyn. Wir be=
gnügen uns daher, nur die natürlichſten und gewöhnlichſten Fortſchreitungen des
Grundbaßes, Anfängern zum Beſten, zu berühren.

Dieſe ſind erſtlich die in der Quarte und Quinte:

oder:

oder:

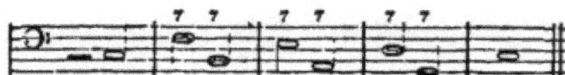

Zweytens; die in der Sexte oder Unterterz:

Drittens; die in der Secunde, aber selten anders, als im folgenden Falle:

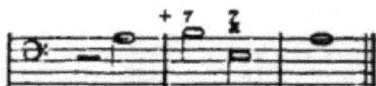

Oft scheint der Grundbaß um eine Secunde fortzuschreiten, und im Grunde ist es doch nicht so, wie im folgenden Exempel:

Dem Anschein nach sind dieses lauter Dreyklänge, und der Baß des Exempels scheint der Grundbaß zu seyn, der von dem zweyten zum dritten Accord um eine Secunde fortschreitet: Aber der zweyte Accord verträgt die Sexte neben sich, und ist daher kein Grundaccord, sondern ein Quintsextenaccord, der die Unterterz des Baßtones zum Grundton hat, wodurch die Fortschreitung in der Secunde aufgehoben wird. Hierauf hat man wohl Acht zu geben; denn auch dadurch, daß ein in dem Accord nicht befindliches Intervall zu demselben nachge-

schlagen

schlagen werden kann, wird die Grundharmonie verändert, wie in folgendem
Exempel:

Daher ist der Grundbaß von diesem Exempel nicht:

Nur wenn der Uebergang zu plötzlich geschiehet, und die Absicht des Tonsetzers
ist, durch eine unerwartete Fortschreitung zu frappiren, wie z. E.

läßt sich nicht wohl nach dem von der zufälligen Serte vorgehaltenen A accord
des ersten Exempels die Serte nachschlagen, ob sie gleich in andern Umständen
zu demselben nachgeschlagen werden könnte.   Der Grundbaß dieses Exempels

ist daher diesem

vorzuziehen, weil er der Absicht gemäßer, und in diesem Fall natürlicher ist. Eben der Grundbaß gilt von dem zweyten Exempel um so viel mehr, da durch die zu dem A accord hinzugekommene Septime der nachzuschlagende Fis accord um so viel weniger im Gefühle liegt. In solchen Fällen kann die Fortschreitung des Grundbaßes in der Secunde sehr wohl statt finden.

Alle übrige möglichen Fortschreitungen gehen mehr oder weniger über die Gewöhnlichkeit hinaus, und sind daher unter vielerley Bedingungen eingeschränkt, die alle und jede hier anzuführen, den Plan dieses Werks weit übersteigen würden. Lehrbegierige, die die Ausarbeitungen großer Harmonisten fleißig studiren, und auf die Folge der Grundaccorde Acht haben, werden nach unseren gegebenen Lehrsätzen, die außerordentlichern Fortschreitungen des Grundbaßes leicht bemerken, und aus der Behandlung erkennen, wann und wie sie möglich sind.

§. 23.

Nachstehende Fuge von Joh. Seb. Bach, die bis auf diesen Tag auch großen Männern unserer Zeit unauflöslich geschienen hat, mit denen nach unsern Lehrsätzen daraus natürlich hergeleiteten Grundaccorden, möge als ein Beweis alles dessen dienen, was vorhergegangen ist. Wir glauben uns auf die Natur der Sache selbst zu gründen, wenn wir behaupten, daß diese Grundsätze von der Harmonie nicht allein die wahren, sondern auch die einzigen sind, nach denen diese Fuge erkläret, und überhaupt alle anscheinende Schwierigkeiten in den übrigen Ausarbeitungen dieses größten Harmonisten aller Zeiten (3) aufgelöset und ver-

G 3

(3) Schwerlich wird jemand, der ein Kenner der Kunst ist, dieses Lob übertrieben finden. Wenn man dabey die erstaunende Fertigkeit dieses Mannes auf dem Claviere sowol, als auf der Orgel; seine bewundernswürdige gelehrte Art vielstimmig zu fantasiren; und die Menge seiner Ausarbeitungen, die uns von ihm übrig geblieben, und alle Muster der Kunst sind, in Erwägung zieht; so sieht man mit Mitleiden auf das schiefe Urtheil eines in der Musik sehr schlecht bewanderten

verſtändlich gemacht werden; und daß im Gegentheil alle Muſik, die ſich nach dieſen Grundſätzen nicht auf eine natürliche Fortſchreitung der beyden Grund-accorde zurückführen läßt, unverſtändlich, folglich falſch und wider den reinen Satz geſetzet ſey.

Damit die Richtigkeit unſers Grundbaſſes dieſer Fuge deſto eher in die Au-gen leuchte, iſt ihr auf dem zweyten Clavierſyſtem ein aus der Harmonie gezo-gener und ausgeſetzter Generalbaß untergefüget. Das fünfte Syſtem enthält den Grundbaß mit allen zufällig diſſonirenden Accorden, die bey der Grundhar-monie, die auf dem unterſten Syſtem angezeiget iſt, in keine Betrachtung ge-zogen werden. An ein Paar Stellen iſt der Uebergang der Reſolution eines diſſo-nirenden Accordes (ſ. §. 19.) durch eine kleine Note im Grundbaß angedeutet.

derten Recenſenten herab, der in dem XXII. Stück der Jenaiſchen Zeitung von gelehrten Sachen auf der 174. Seite ſich nicht zu ſagen ſcheuet, daß die ſchöne Stelle Gesners, — der in ſeiner neuen Auflage des Quintilian auf der 61. Seite in einer Anmerkung Gelegenheit nimmt, den Verdienſten des ſel. Bach völlig Ge-rechtigkeit wiederfahren zu laſſen, —

eben ſo gut und vielleicht noch beſſer auf Vogler, als auf den alten Joh. Seb. Bach paſſe ꝛc. Fragt man nun: wer iſt dieſer Vogler? ſo erfährt man nach vielen Erkundigungen endlich, daß er Burgemeiſter und Organiſt in Wey-mar, und ein Schüler von Bach, aber bey weitem noch keiner ſeiner erſten Schü-ler geweſen ſey.

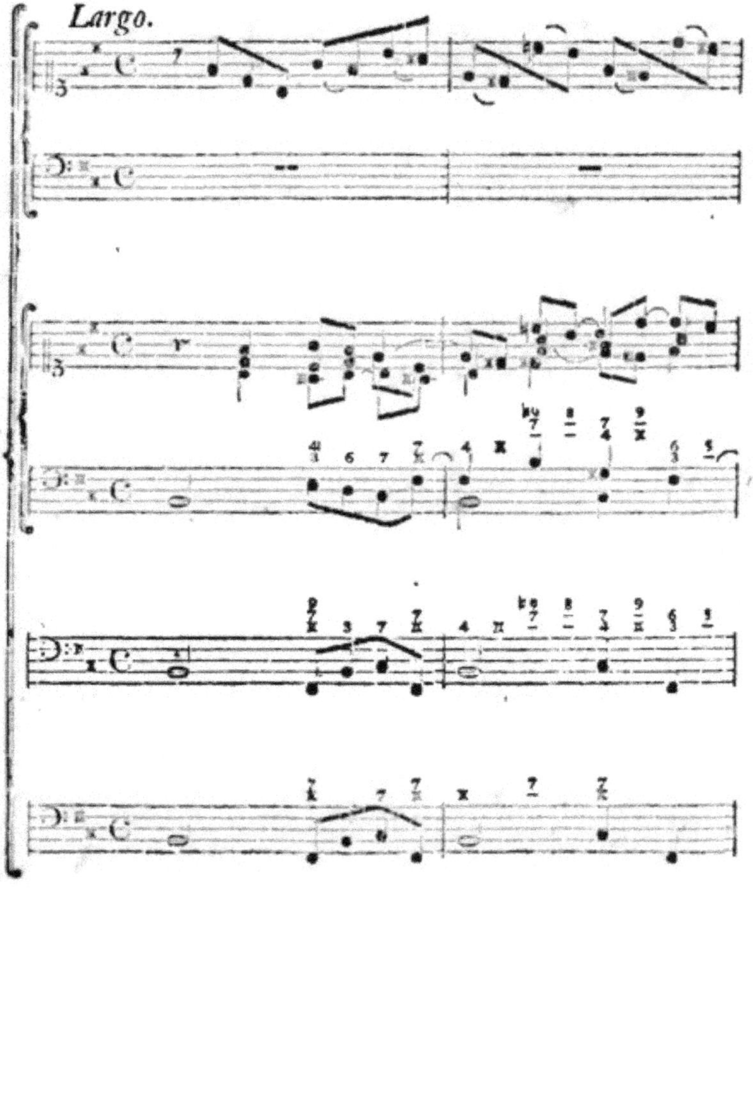
Largo.

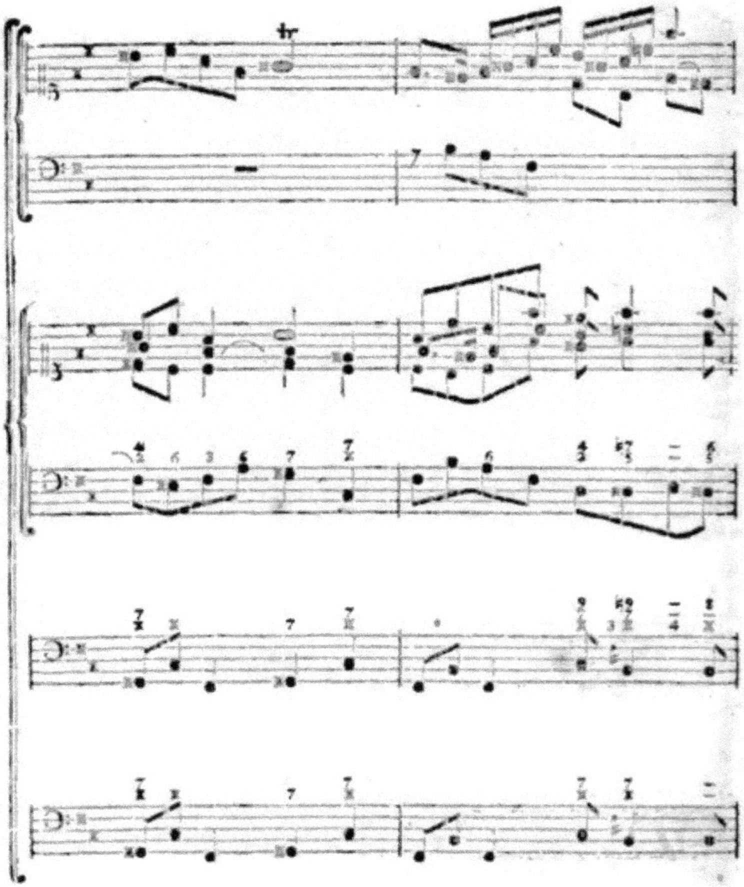
tr

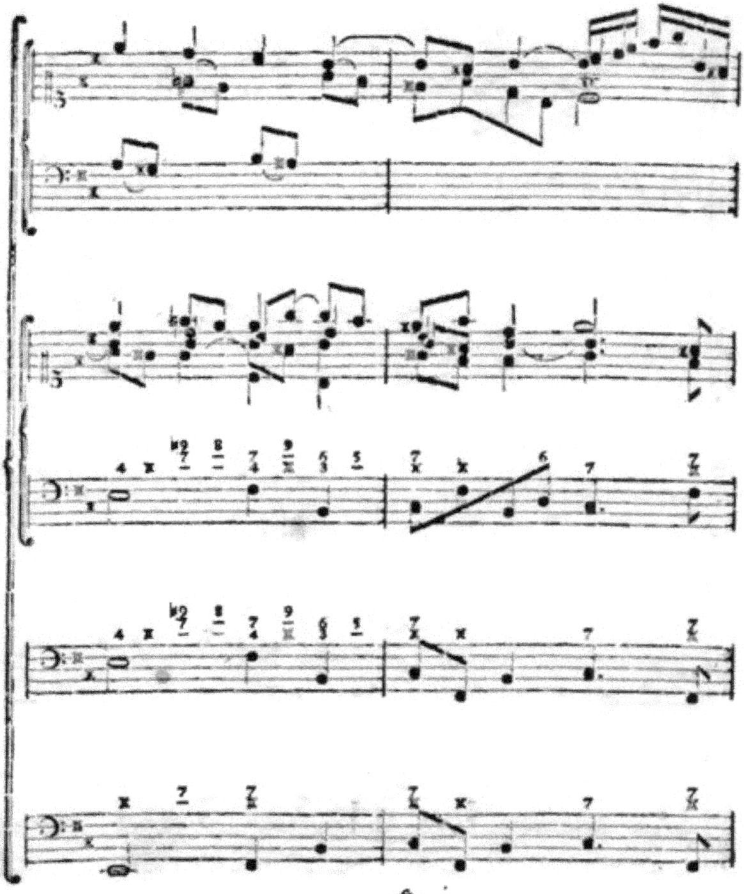

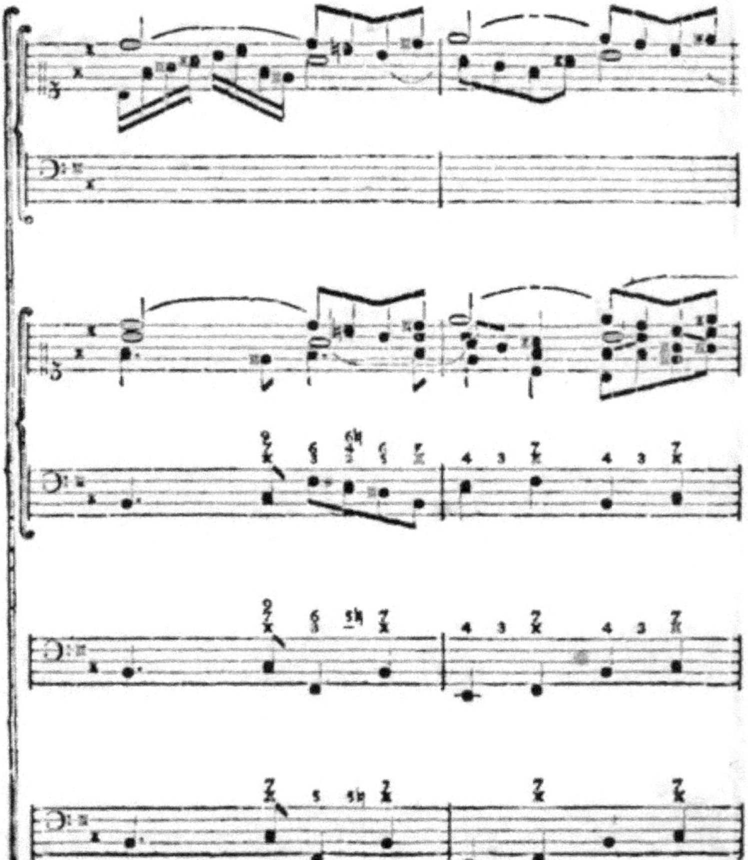

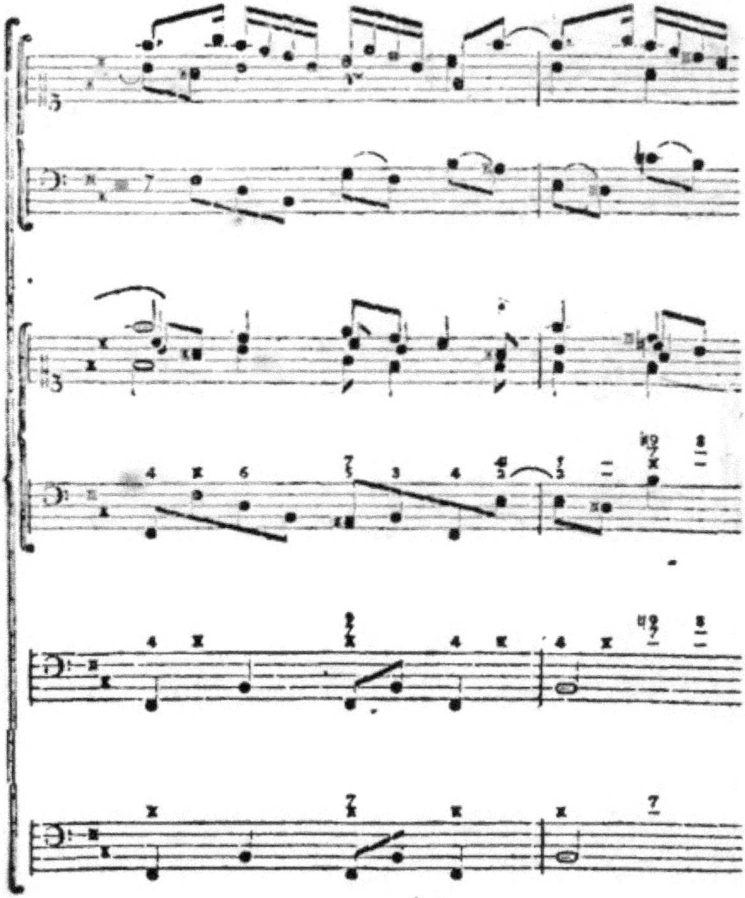

60

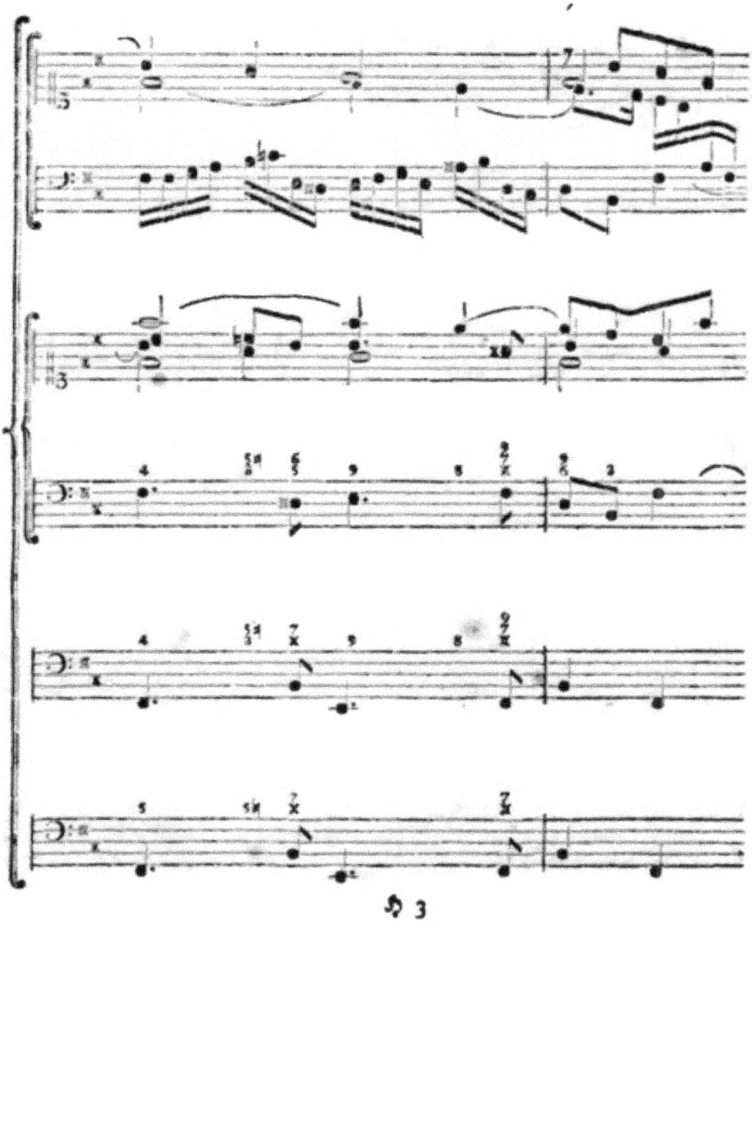

2

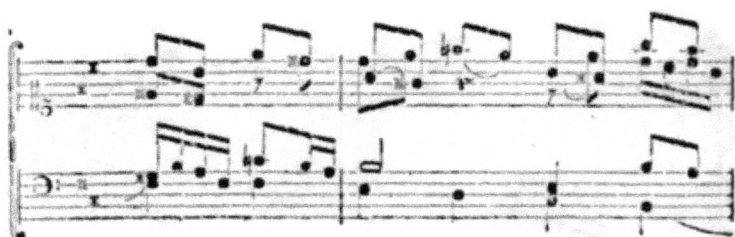

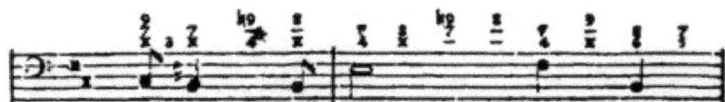

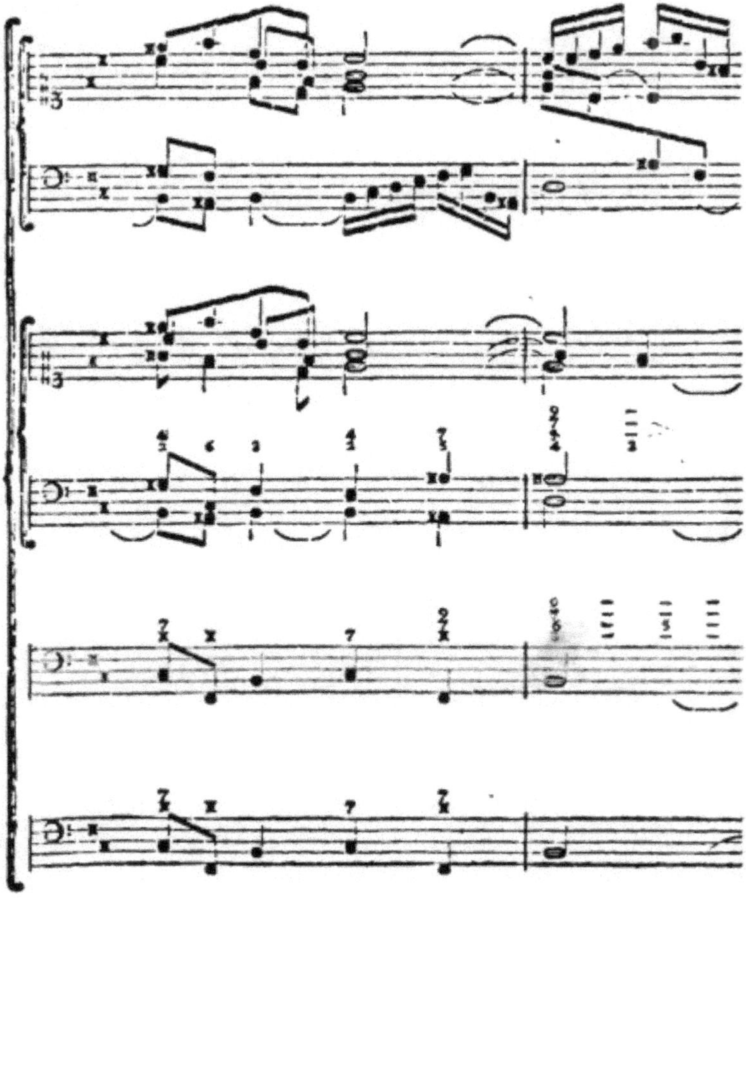

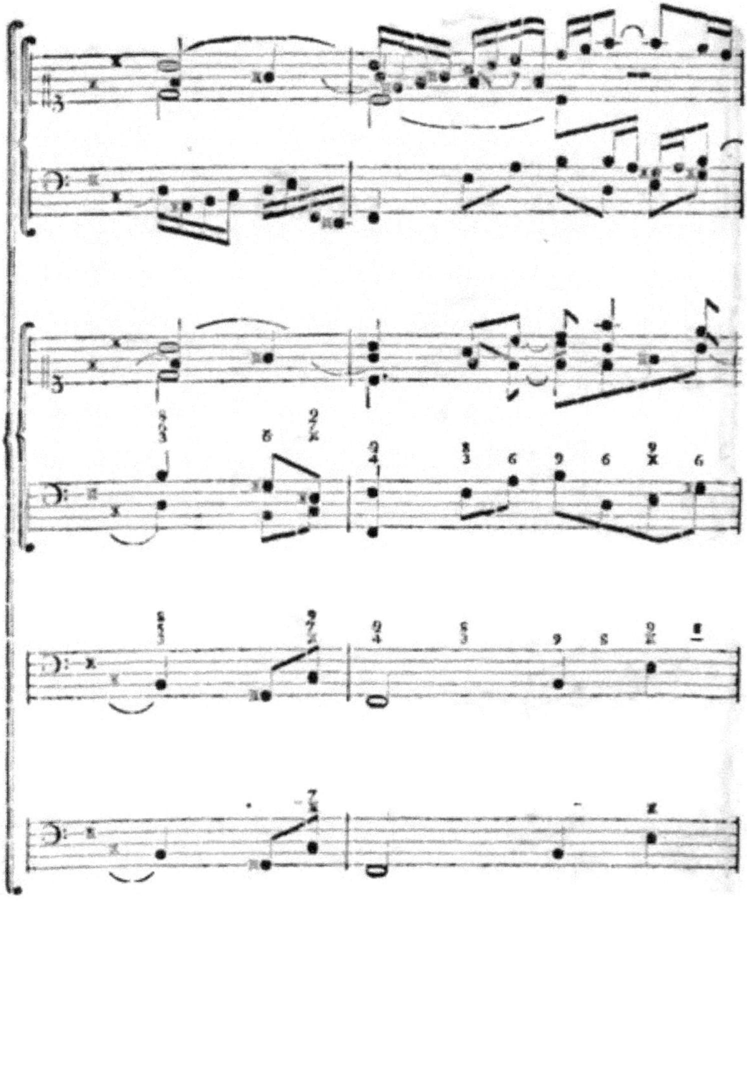

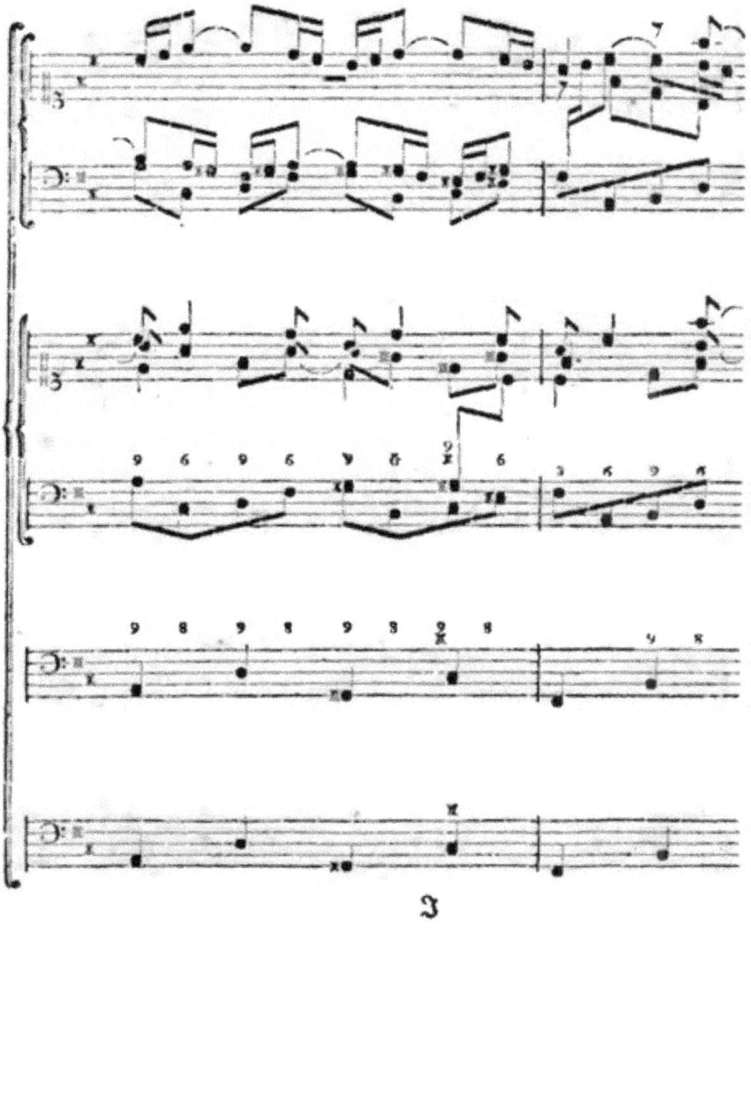

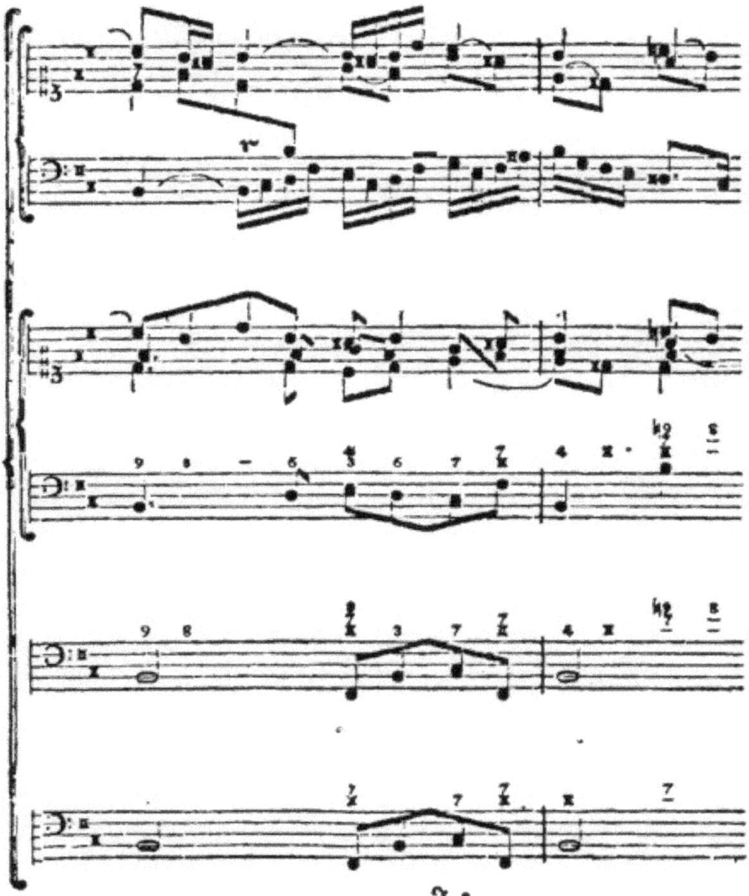

3

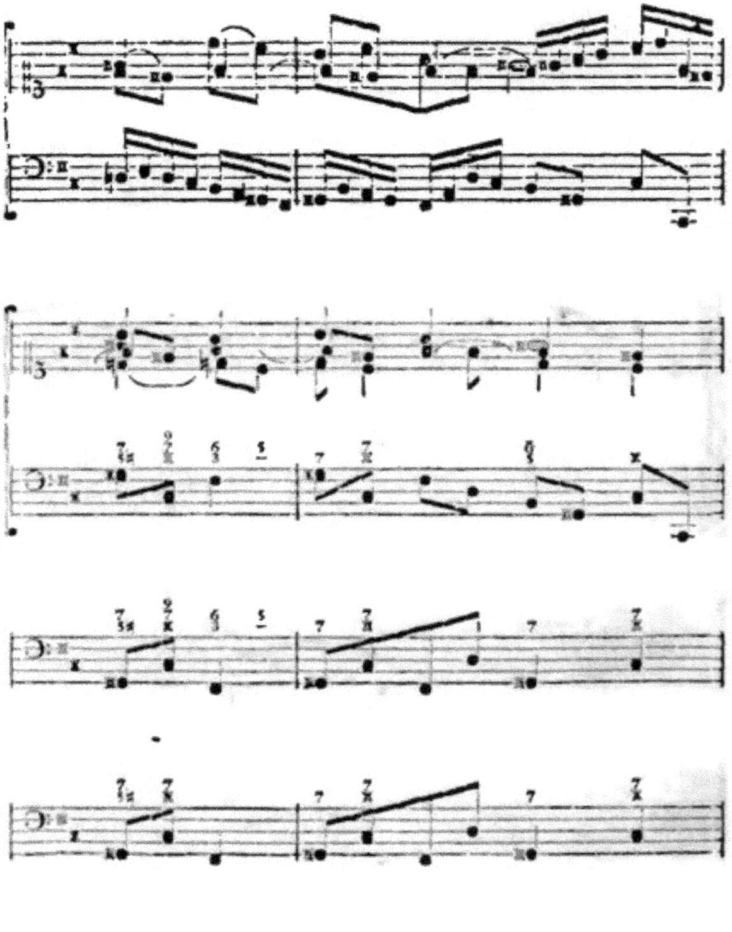

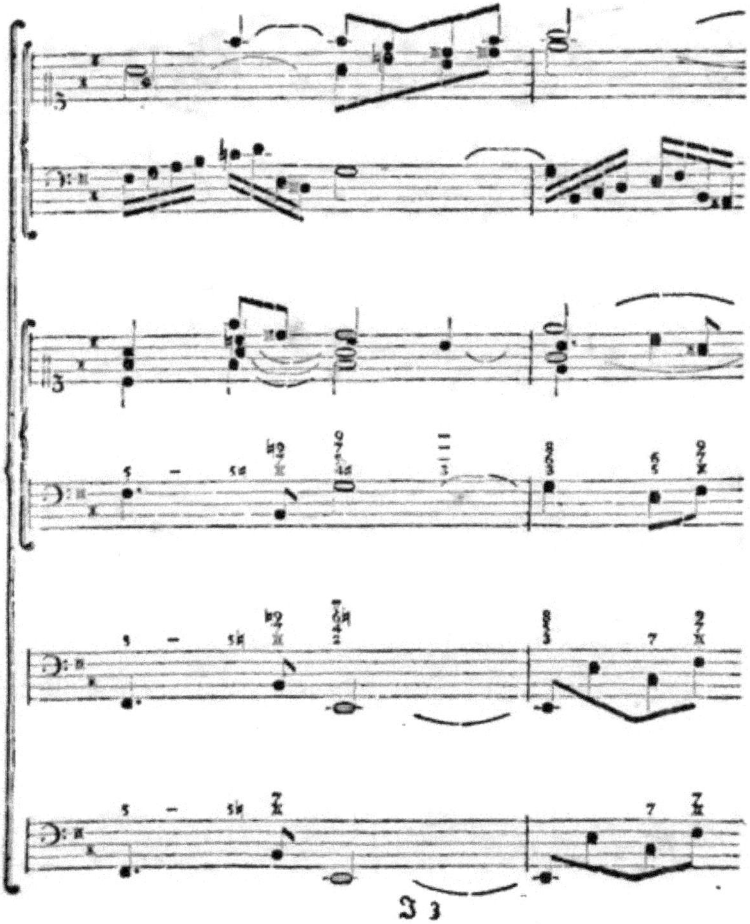

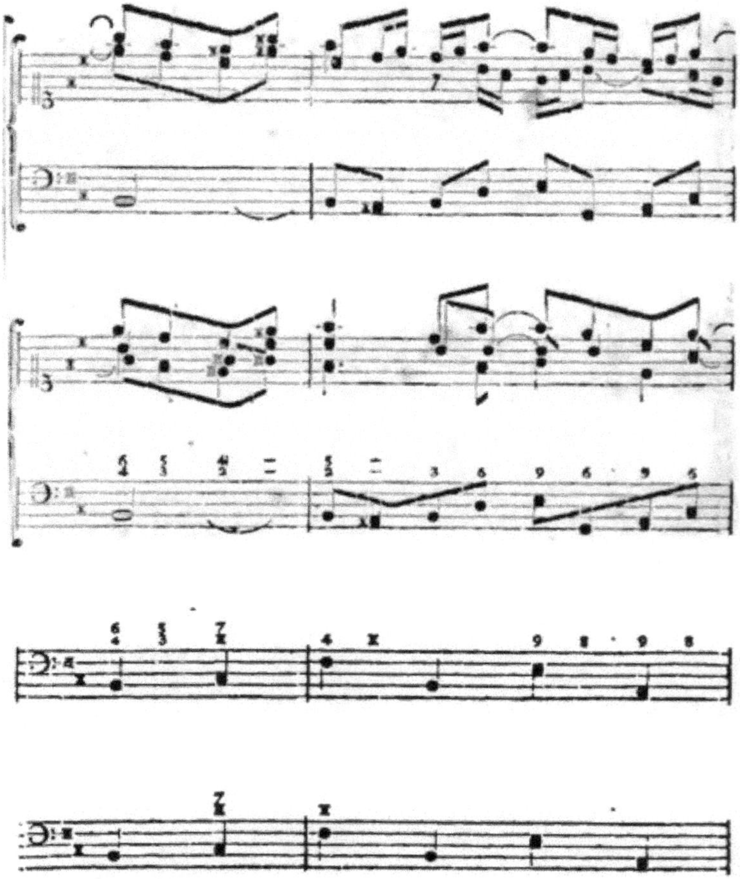

71

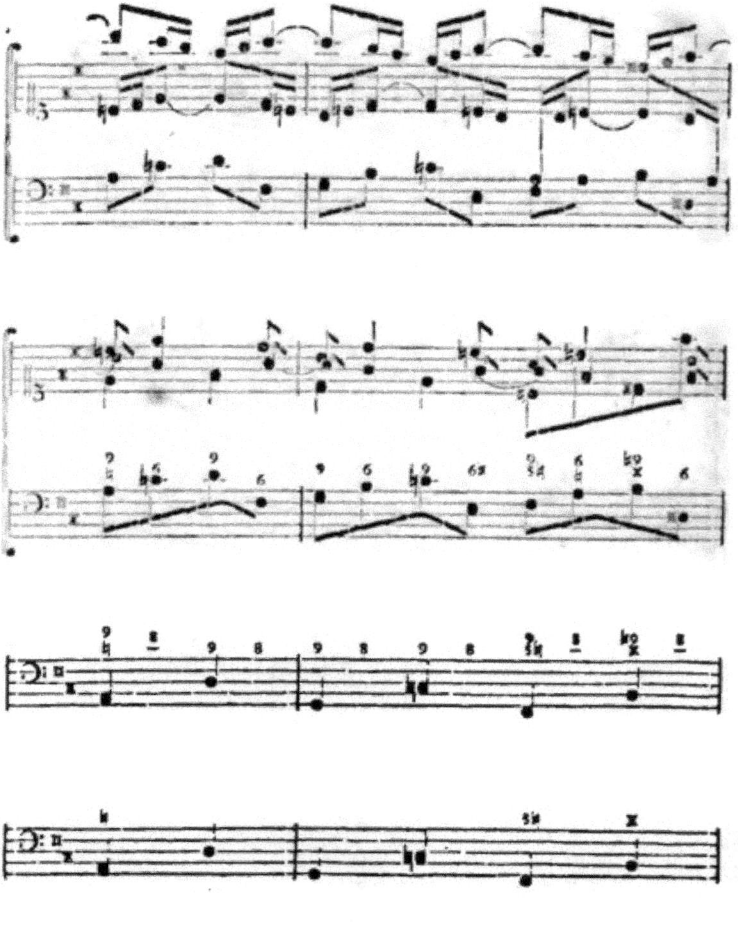

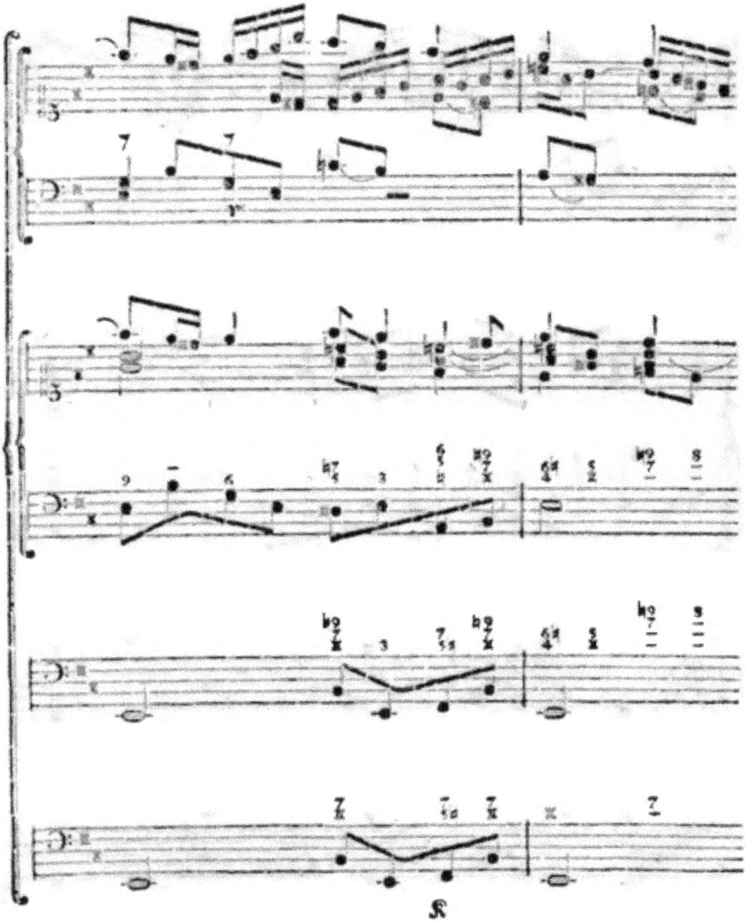

4

R 2

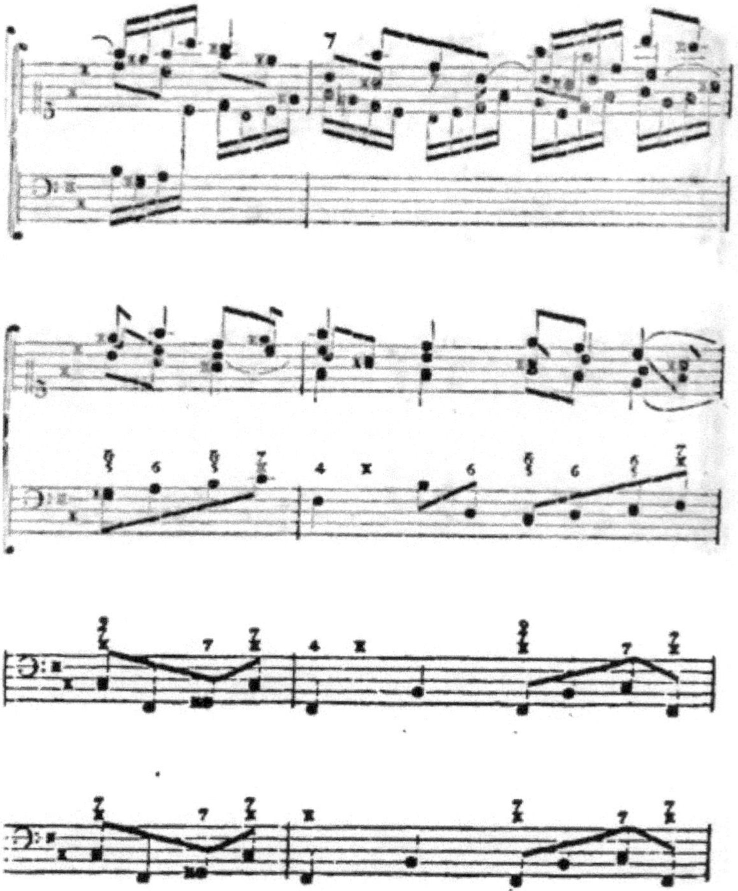

Я 3

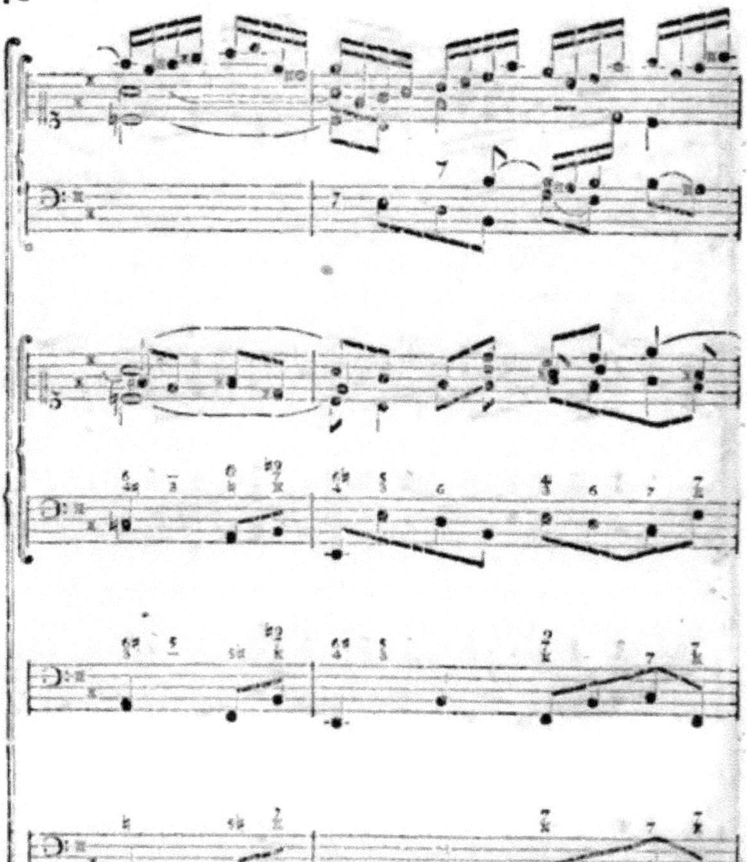

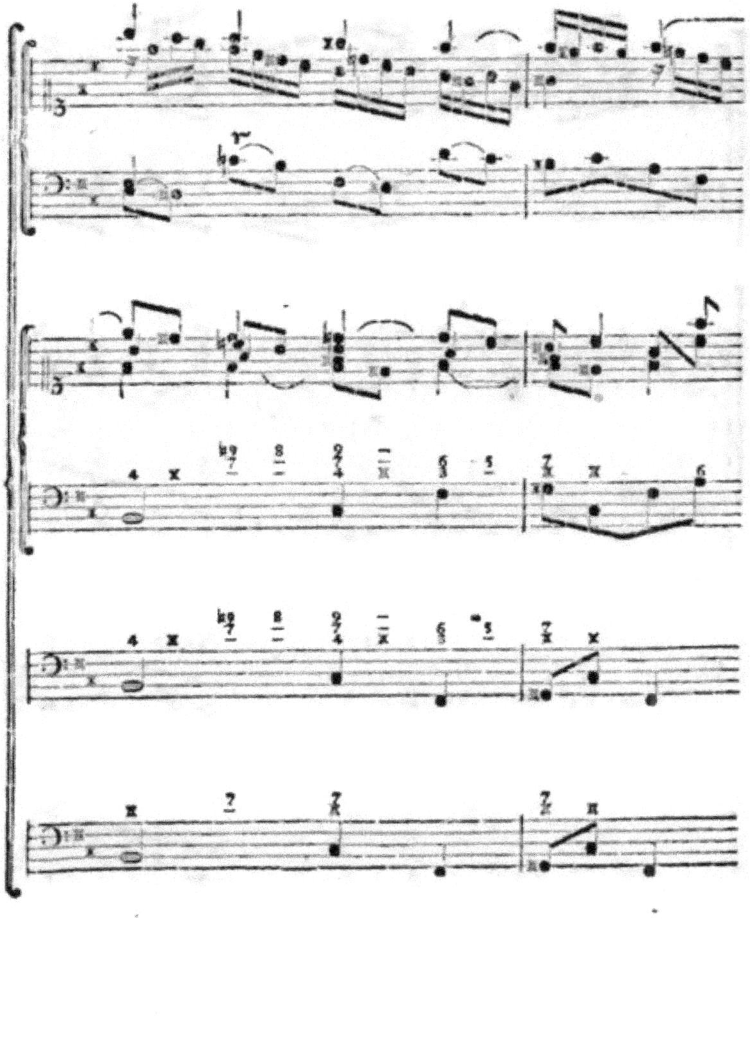

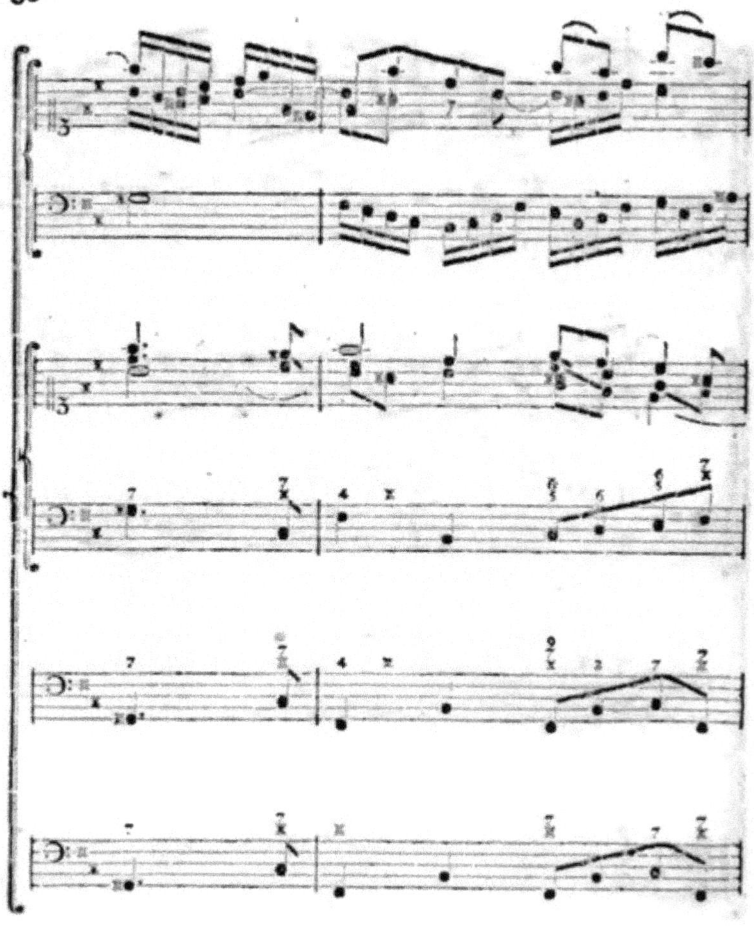

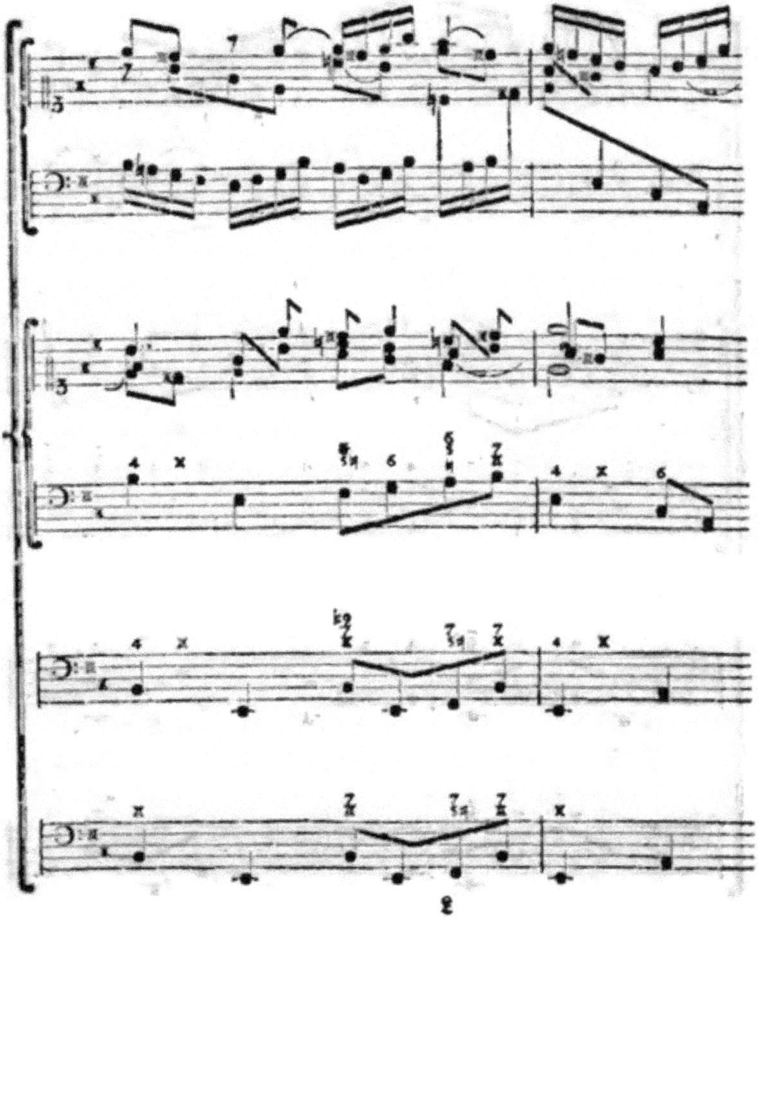

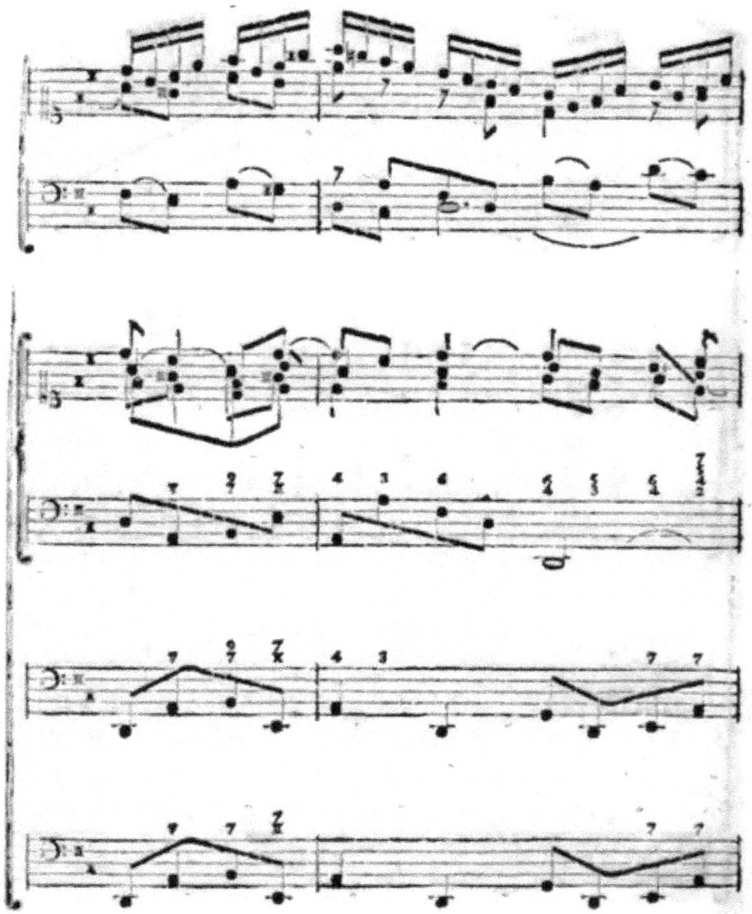

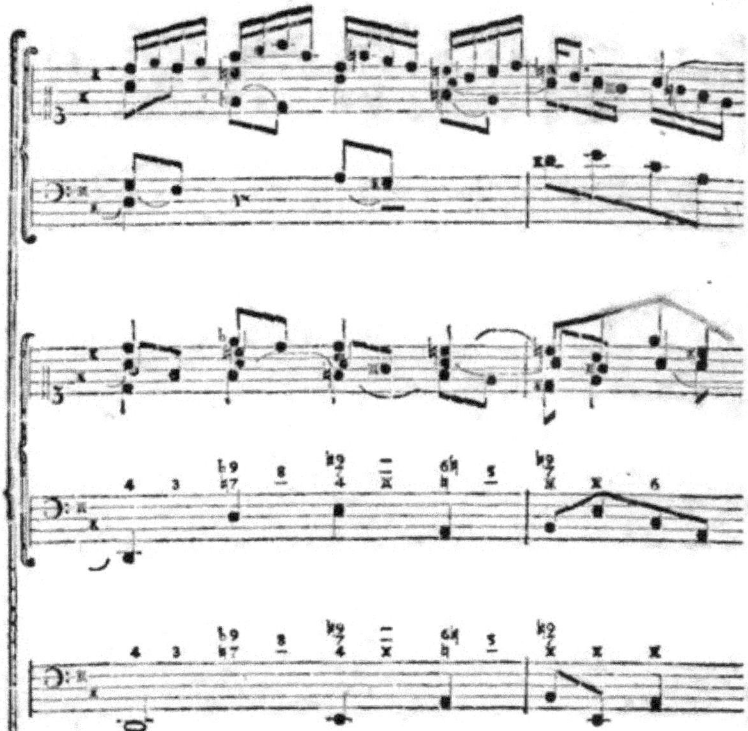

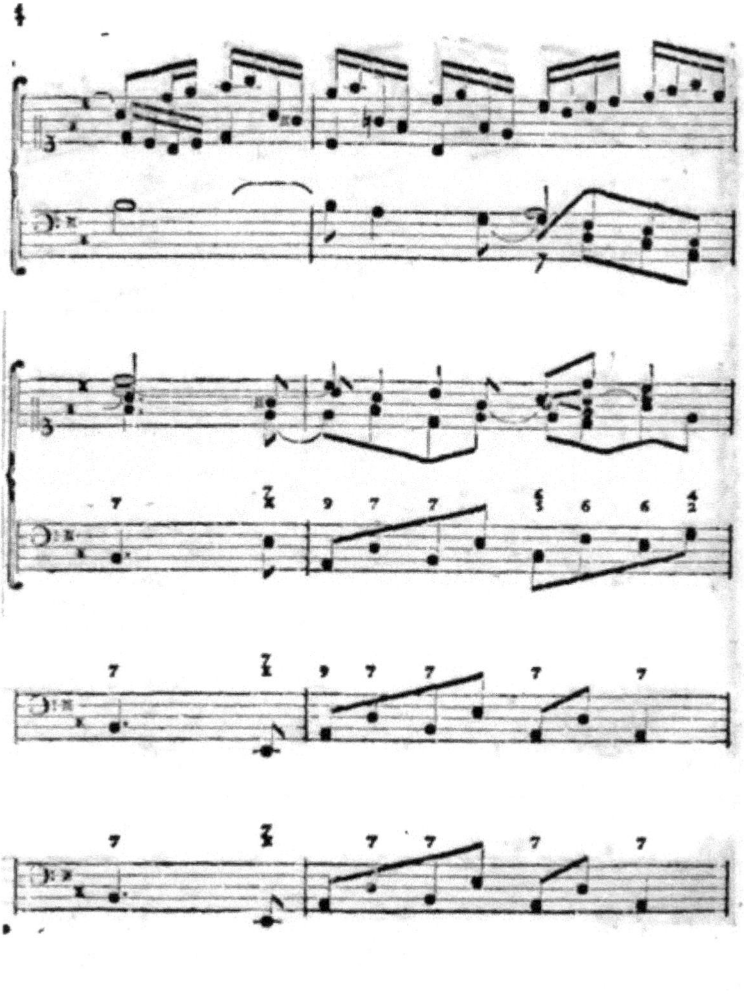

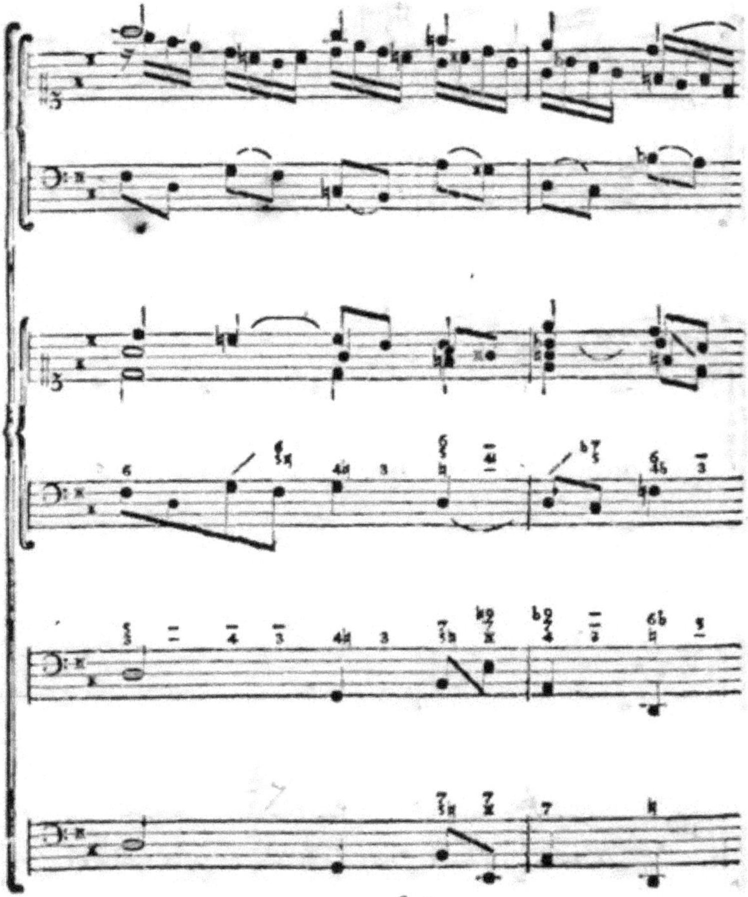

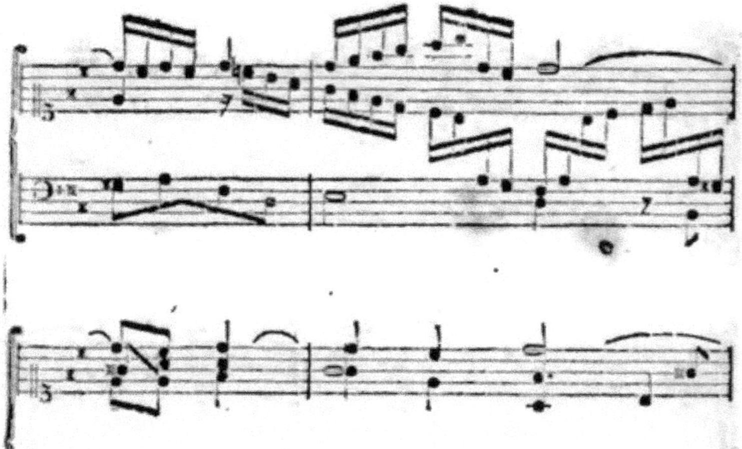

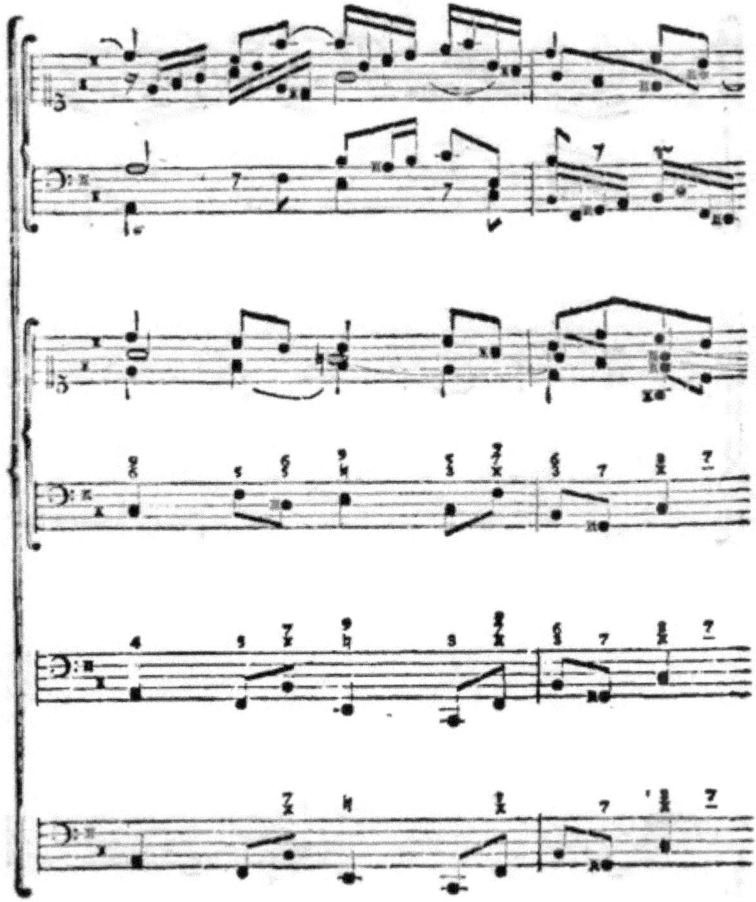

B

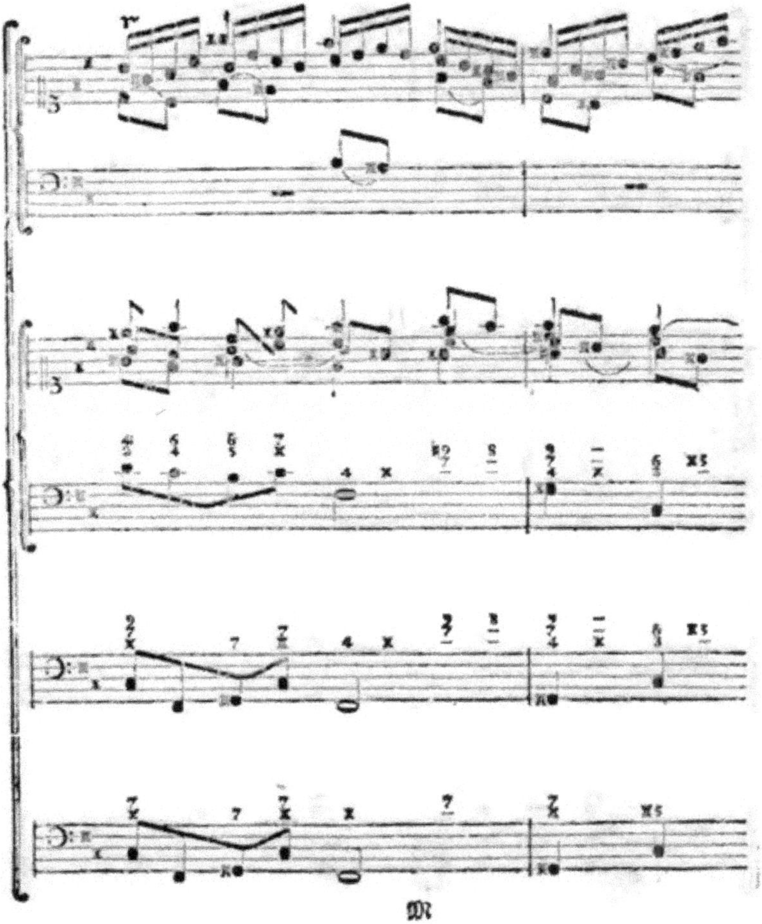

90

M 2

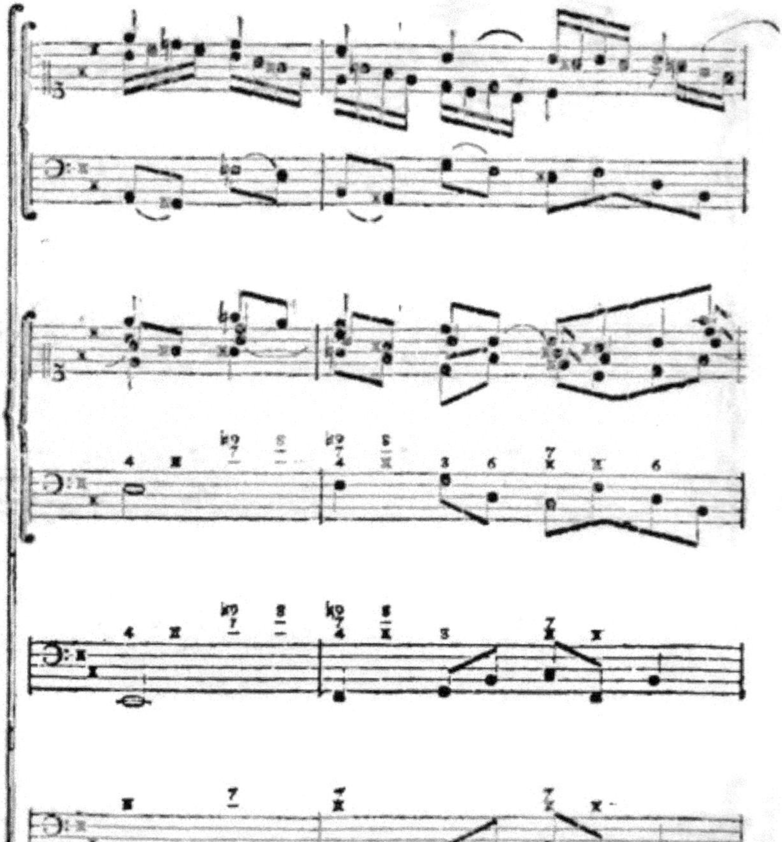

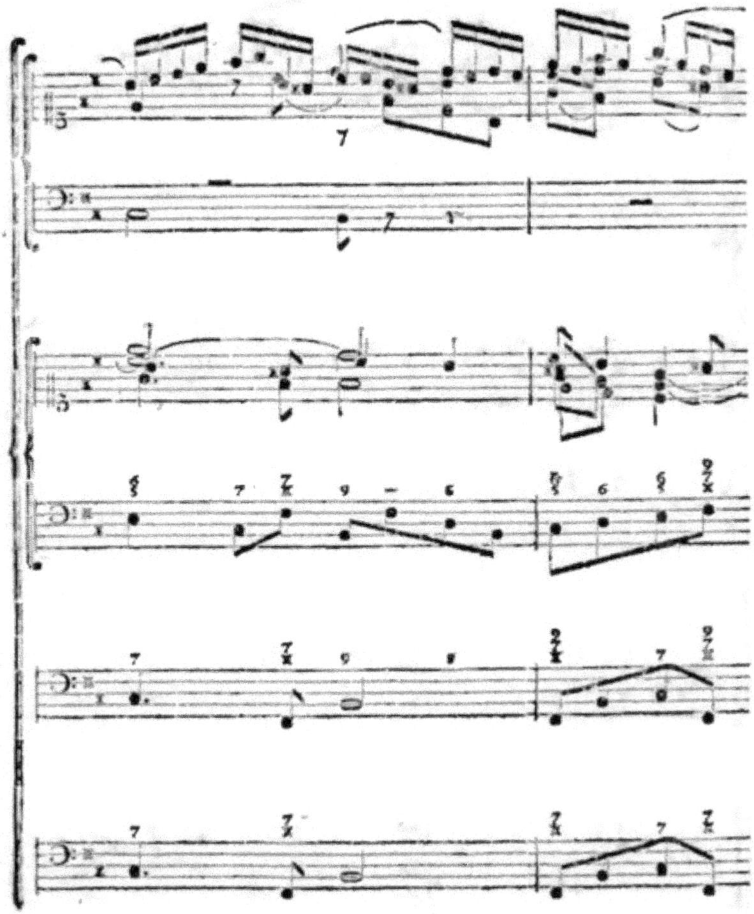

94

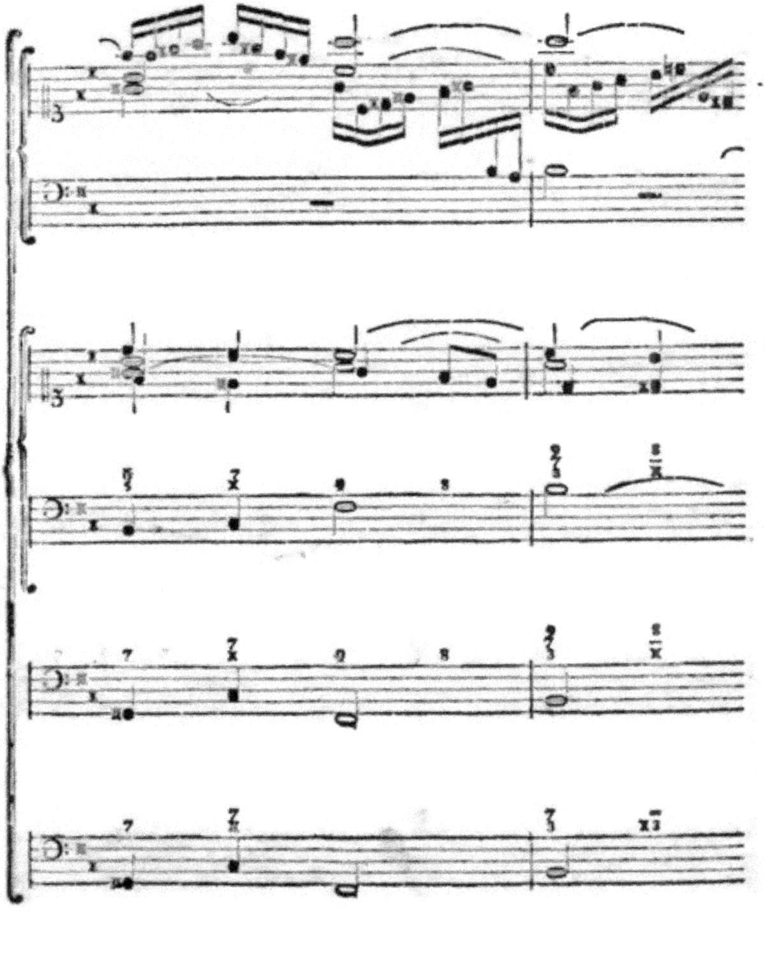

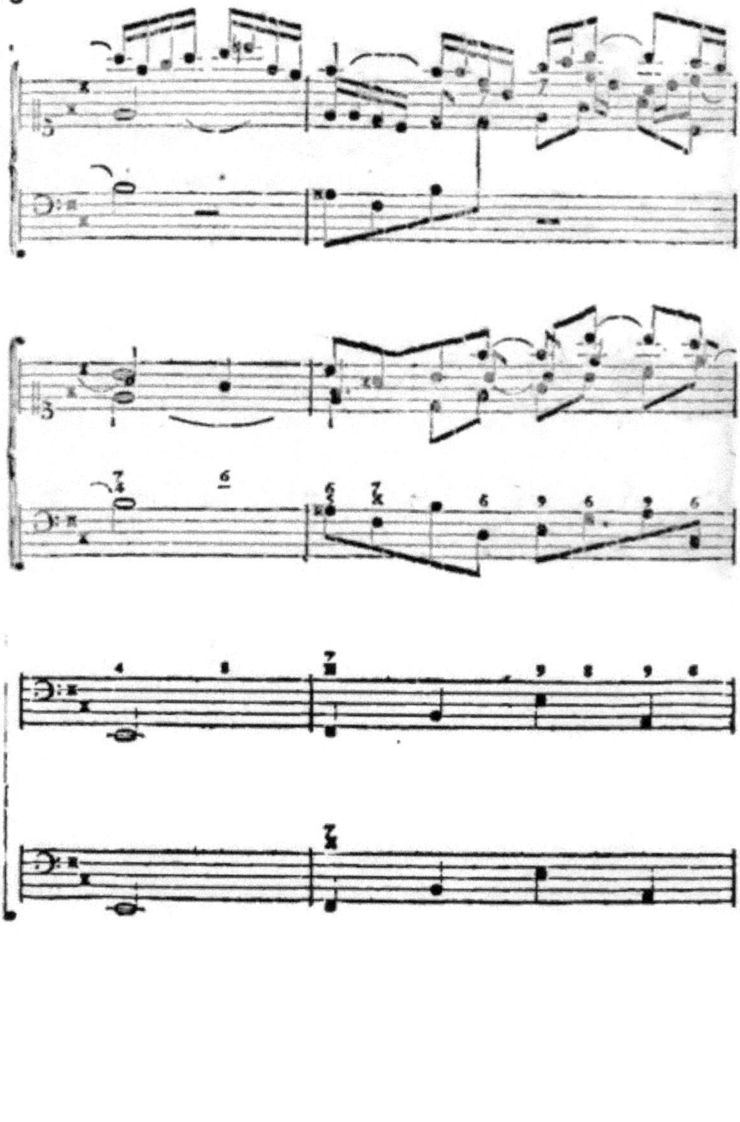

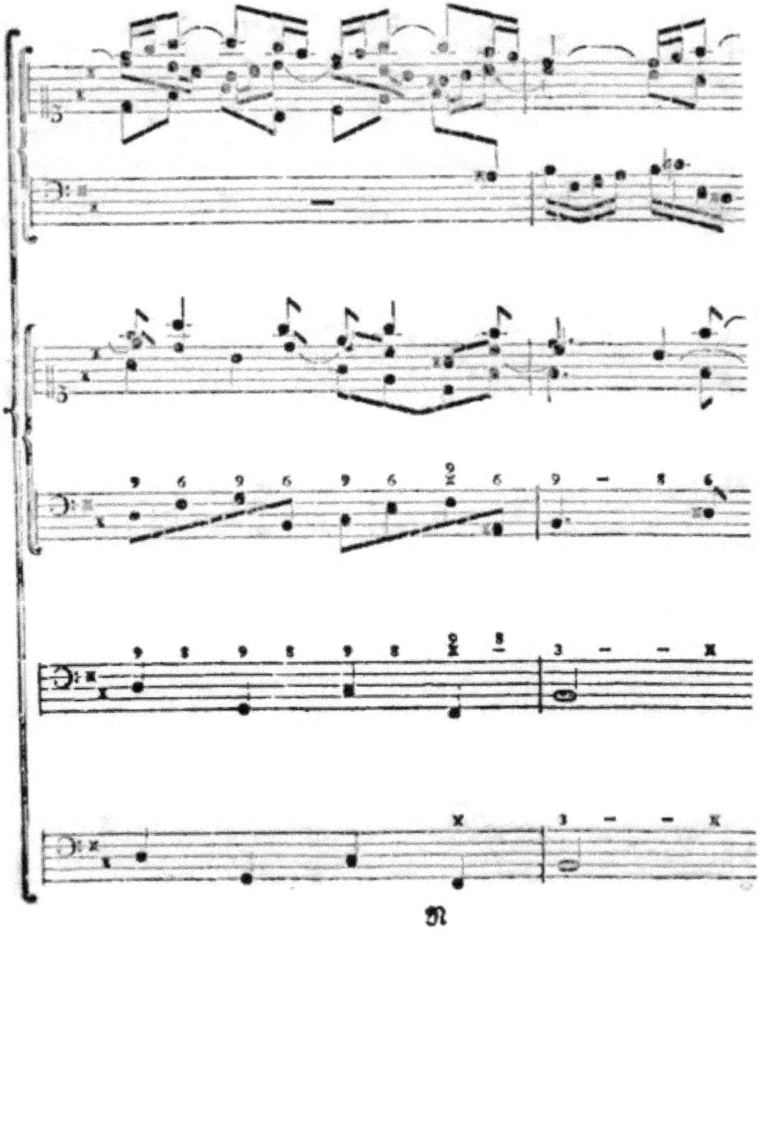

B

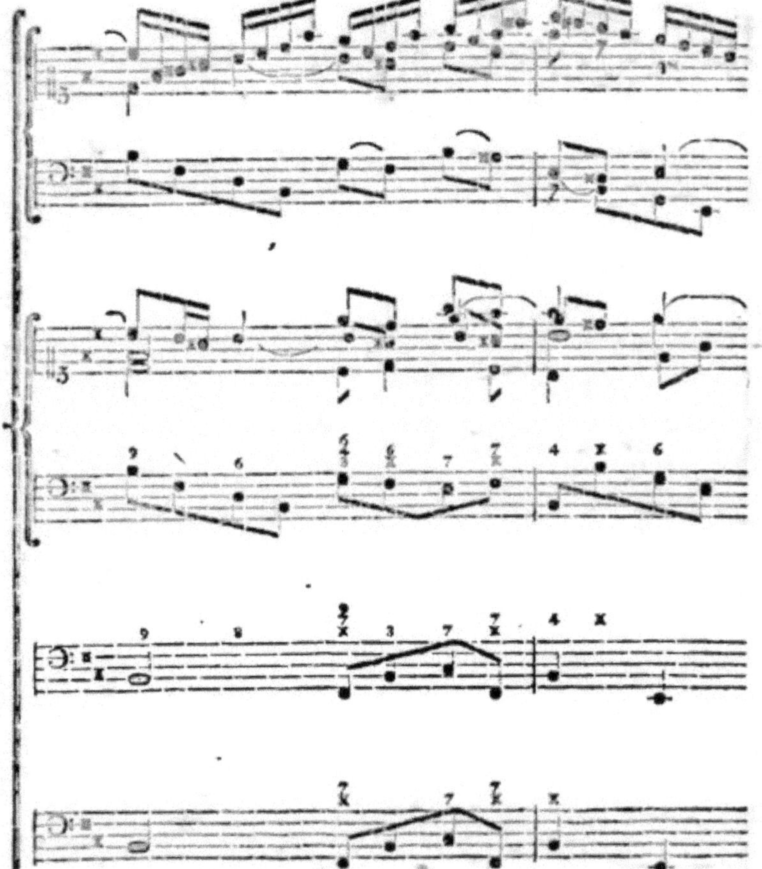

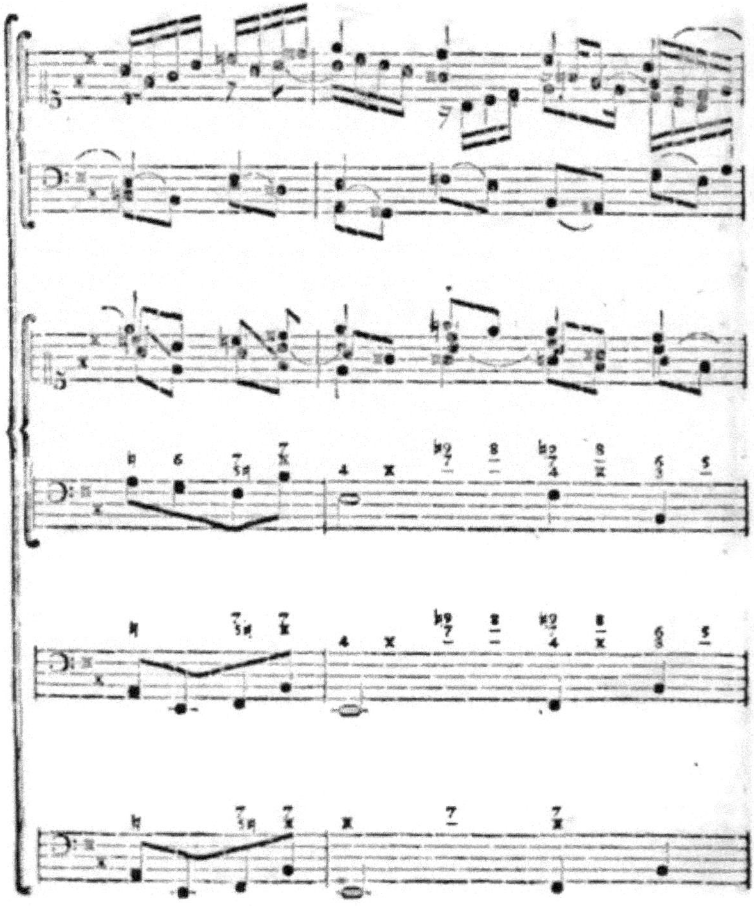

№ 3

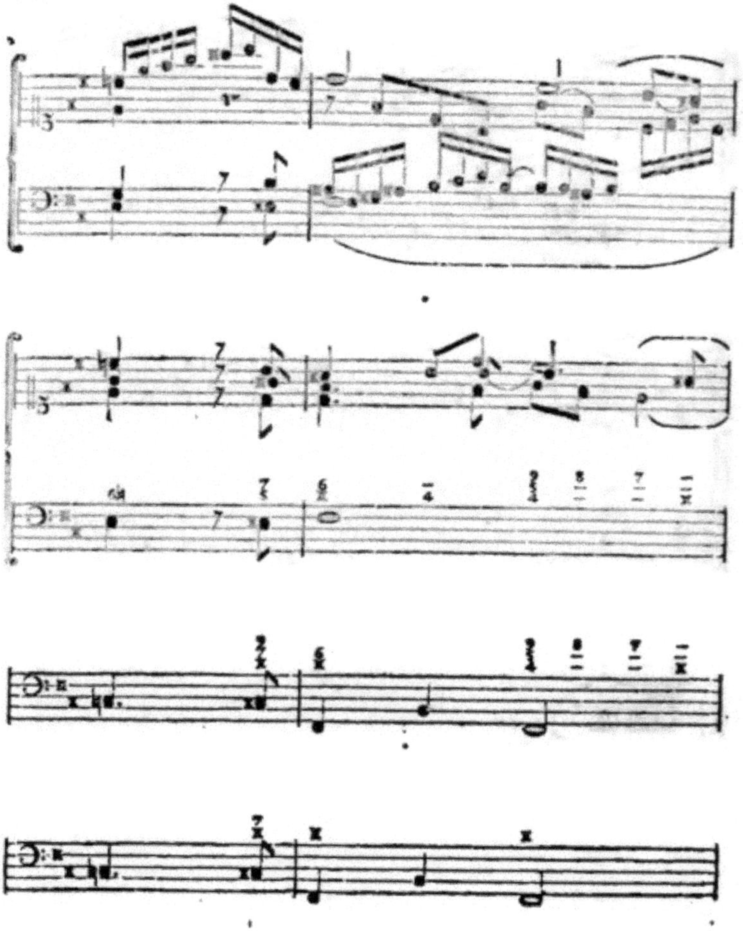

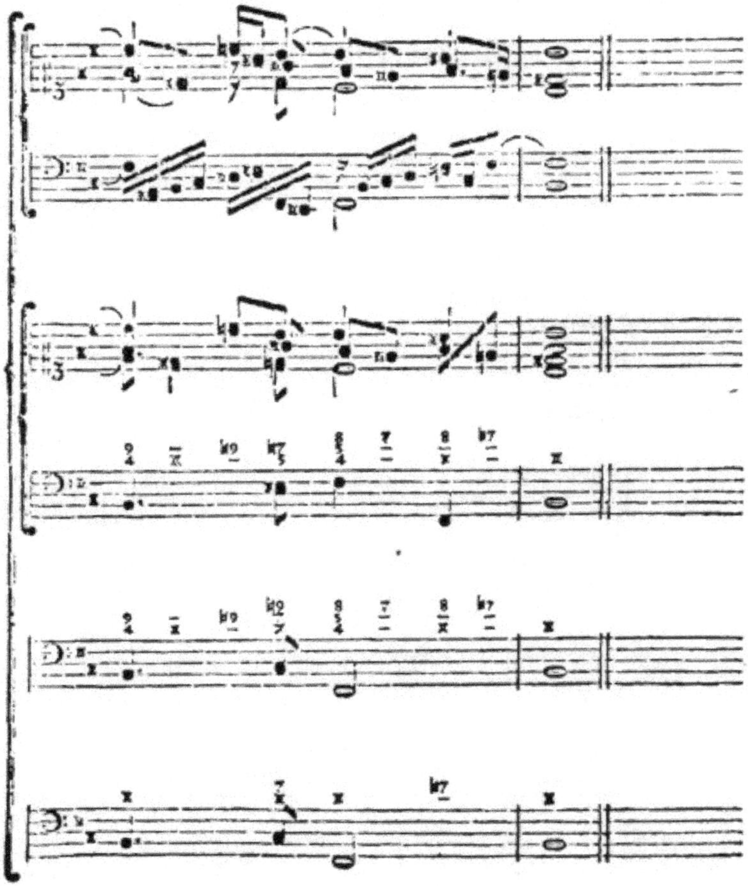

Nacherinnerung.

Man kann die Regel nicht zu oft wiederholen, daß man wol auf die Fortſchreitung eines jeden Accordes Acht haben müſſe, indem derſelbe Accord durch
die Fortſchreitung oft ein ganz anderer Accord iſt, als er zu ſeyn ſcheinet. Daher
fügen wir, Ungeübteren zu Gefallen, noch folgende Beyſpiele von verſchiedentlich
fortſchreitenden Accorden mit ihren Grundaccorden bey, deren Erklärung zwar
aus dem Vorhergehenden ſchon erweislich iſt, die aber dennoch manchen, der die
Lehre von den Grundaccorden nicht vollkommen inne hat, oder dem das Gefühl einer
natürlichen Fortſchreitung noch fehlet, ſtutzig machen und den richtigen Grundbaß
verfehlen laſſen könnten.

Grundbaß.

oder auch:

In dem letzten Beyspiel hält der Tenor im Orgelpunkt aus. S. §. 21 zurück.

Da wir es in dieser Nacherinnerung blos mit Ungeübteren zu thun haben, denen die harmonischen Künste noch nicht so geläufig sind, daß sie die Auflösung der vorhergehenden Fuge in ihre Grundaccorde völlig verstehen sollten, so glauben wir, ihnen keinen unangenehmen Dienst zu erweisen, wenn wir derselben noch ein leichteres Preludium von demselben Verfasser mit der Auflösung des ersten Theiles nachfügen, und ihrem eigenen Nachdenken Gelegenheit geben, sich mit der Auflösung des zweyten Theiles, der nicht viel schwerer, als der erste ist, zu beschäftigen: Zu dem Ende haben wir zu dem zweyten Theil den Grundbaß weggelassen, damit jedweder die dazu gehörigen Grundnoten selbst dazu finden möge.   Nur zweyerley Fortschreitungen, die in diesem Preludium oft vorkommen, verdienen Aufmerksamkeit. Gleich bey dem zweyten Achtel des ersten Taktes könnte man glauben den F accord zu hören: aus der Fortschreitung aber dieses Accordes in den E dur accord des dritten Achtels erkennt man, daß es nicht der F, sondern der D accord mit der wesentlichen Septime sey.   Imgleichen könnte man bey dem ersten Achtel des dritten Taktes den Dominantenaccord von A, nemlich den wesentlichen Septimenaccord von E mit der großen Terz zu vernehmen glauben; da aber dieser Accord nothwendig bey dem vorhergehenden letzten Achtel des zweyten Takts schon zum Grunde liegt, und mit Anfang des darauf folgenden Taktes natürlich in den Accord der Tonica fortschreitet, so ist auch hier nicht der Septimenaccord von E, sondern der vorgehaltene consonirende Quartsextenaccord von E zu verstehen, der die Unterquinte des Baßtones mit dem Dreyklange zum Grunde hat; woraus zugleich erhellet, daß Bach den consonirenden Quartsextenaccord von dem dißonirenden wol zu unterscheiden gewußt, und jenen ohne Bedenken frey eintreten läßt, da dieser hingegen in seinen Werken niemals ohne Vorbereitung angetroffen wird, wie wir uns über die Behandlung dieses Accordes im 8. §. weitläuftiger ausgedrückt haben.

Preludium.

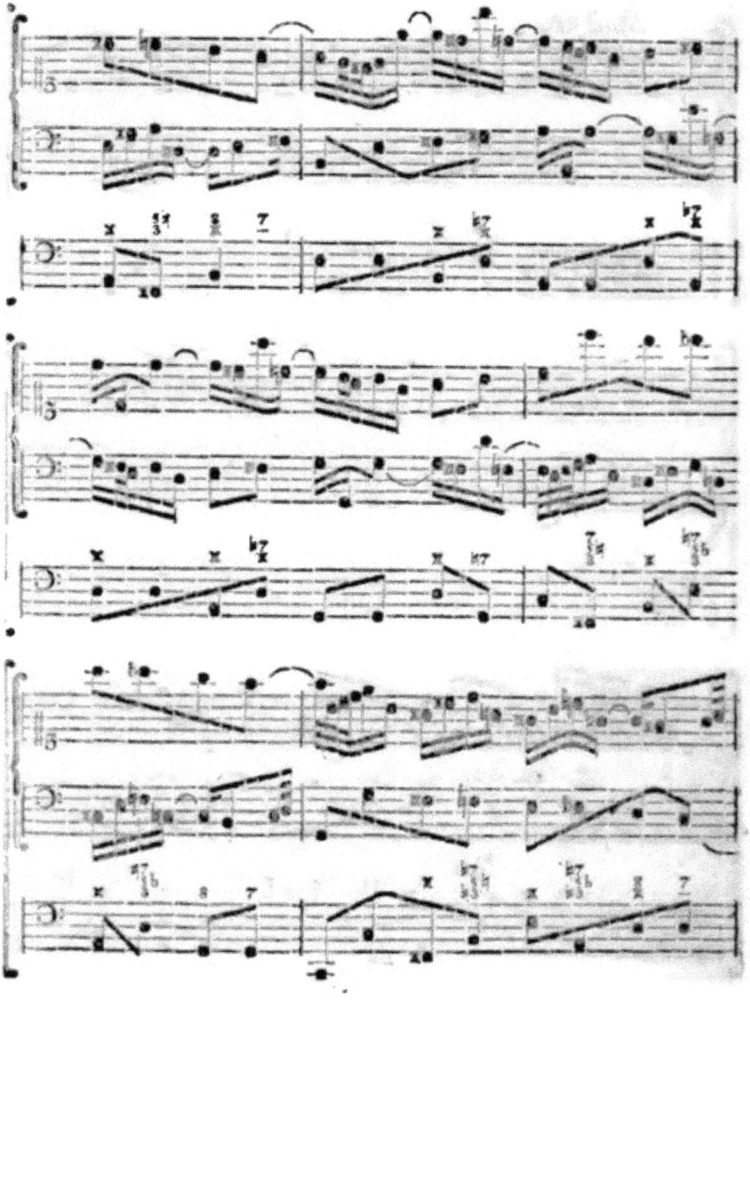

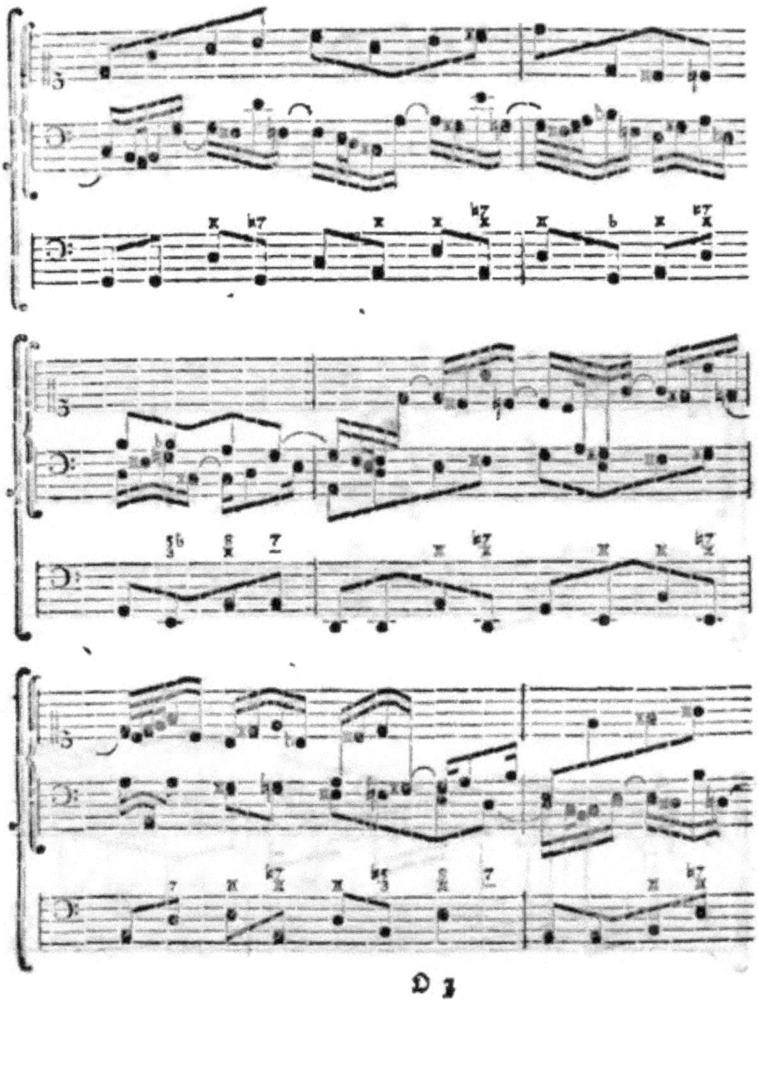

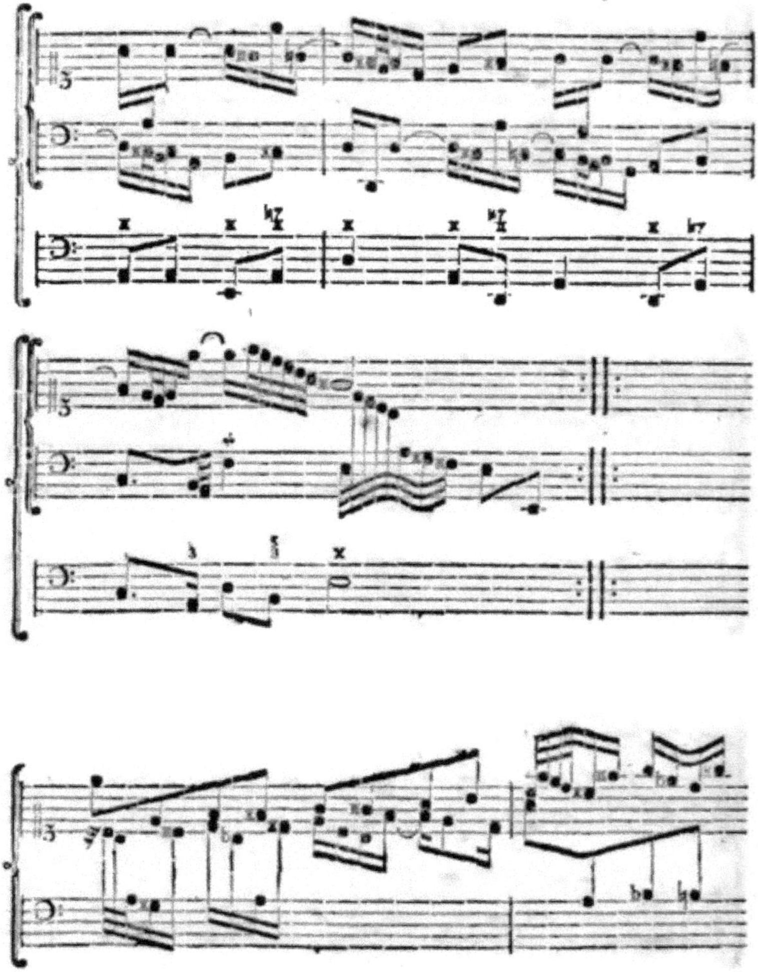

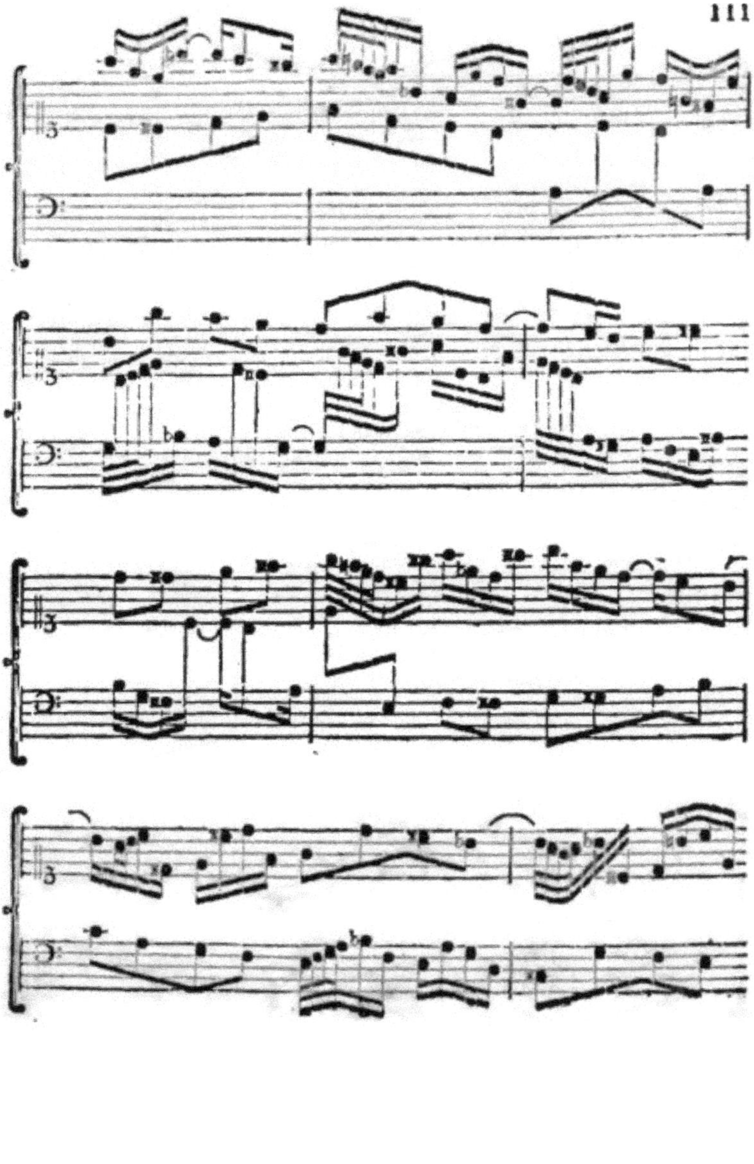

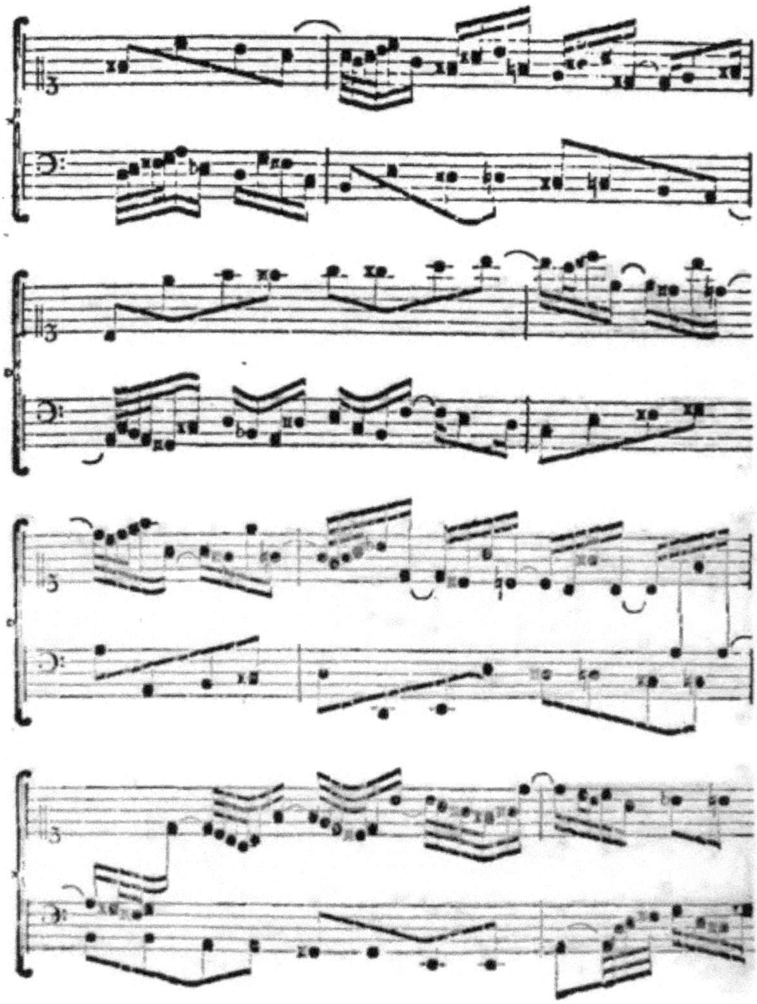

www.ingramcontent.com/pod-product-compliance
Lightning Source LLC
Chambersburg PA
CBHW030536270326
41927CB00008B/1405